経営者のための
人手不足解消戦略

中小企業診断士
大和一雄

税務経理協会

はじめに～大きな変革の時代へ～

■本書刊行の理由

人手不足が深刻な状況です。ここ数年「注文はあるけど、人が足らなくて受注できない」とか、「苦労して人を採用したが、すぐやめてしまってどうにもならない」といった嘆きの声を聞くようになり、それなりに状況の変化を感じてきましたが、最近では求人難による企業倒産の増加が取りざたされるようになるなど深刻な事態になってきました。想像以上に、急速に人手不足が深刻化していることは明白です。皆さんもご存知のように、宅配クライシスといわれる運輸業界の人手不足、保育園の保育士不足による待機児童の受け入れ困難、職人不足による建設業の廃業、新規開業の断念など、人手不足がもたらす影響は拡大する一方です。

少子高齢化、労働人口の不足が言われ始めて久しいわけですが、政府対策の出生率の向上などは早期に実現できるものではありません。そこで定年延長や高齢者の雇用などの対策が盛んに言われており、それなりの効果があることは事実です。

しかし個々の企業や社会福祉法人その他の組織においては、当面解決すべき大きな課題が存在します。お分かりのように離職率がとても高いという問題です。離職率は業界によって大きな差異があることも事実で、なかでも宿泊業・飲食サービス業、生活関連サービス業・娯楽業が高い水準となっています。よく言われていますす介護福祉業界は平均より高いのは事実ですが、実態としては業界そのものが飛び抜けて高いのではなく、業界内の格差が大きいということが歴然としています。個別の事業体の離職率に大きな差があるのは、業界というよりも個々の経営の違いが大きく反映された結果なのです。

このようにみてきますと、人の問題は先ずはこの課題から解決を目指すことが必要と考えられます。折角採用して仕事も覚えてもらい、さあこれからと言う時に「やめます」といわれた経営者の気持ちを推察するときに、筆者のみならず多くの方が暗澹たる気分に襲われると思います。そして何とかしなくてはという気持ちになるわけですが、どうしたらよいのかの解答が直ぐ見つかるものでもありません。

人が簡単にやめるということは経営の大きな問題に違いありません。そこで知恵を絞って考えた末に打った対策が功を奏して成果につながるかといいますと、なかなかそうはならないのが実情です。それはこの問題が経営のあり方そのものを問うものだからです。この課題は部分的な対策や小手先の改善では解決のできないものであること、そしてこれは経営のあり方に関わる基本的な重要課題であることの認識からスタートすべきものだと考えています。

人手不足が益々深刻化していくということは、わが国の人口推計、中でも生産年齢人口（15～64歳）が大幅に減少していくとの推計からも明らかです。これは景気変動などとは次元の違う、後戻りのない大きな変革が訪れていることを示しています。本書ではこの問題に真正面から取り組み、小手先の対策ではない、真の対策は何かを探求し、多くの悩んでおられる経営者のお役に立てることを第一の目的としました。

世にいろんな対策本があり、それはそれで役立つところも多いのですが、私の見方ではその多くが経営の一局面や一定の範囲に止まるものであり、これから存続し、成長するための永続性のある基本的な対策とはいえないものです。本書で取り上げた事例は個々の違いはあるものの、基本的な考え方、取組みには多くの共通点があることがわかります。本書を活用される皆さんが真に役立つ対策を実行され、しっかりとした経営を確立し、大きな成果を挙げていただくことを心から念願するものです。

平成二十九年八月一日

大和　一雄

目次

書籍コーディネート　インプルーブ　小山　睦男

経営者のための
人手不足解消戦略

序　章　労働人口の減少がもたらすもの

一　人手不足の深刻化

わが国の人口は総務省統計局の国勢調査によると二〇〇八年の1億2、808万人をピークに二〇一一年よりその減少が顕著になり、このままでは大幅な減少は免れないことが明らかとなっています。いろんな行政機関が人口推計を公表していますが、いずれもが二〇六〇年には9千万人を割り込むといった予測となっています。

皆さんも予想されていることと思いますが、人口減がもたらす大きな影響というのは、まずは購買力の低下、すなわちマーケットの縮小ということです。これに伴って必要とされる企業活動も縮小するということになります。海外市場への展開ということが考えられますが、国内の企業が等しく可能というわけではありません。

また労働人口即ち生産年齢人口（15歳～64歳）の減少が何をもたらすのかについてはしっかりと認識しておく必要があります。看過できない重要事項は何かといいますと「**企業数の減少**」です。掲げました図表序－2にも示しましたとおり、これまでの統計実績においても既に企業数は減少の一途をたどっています。大企業については業界再編や戦略的な異業種進出のための合併などが進んでいるわけですが、問題は中小企業にあります。

二　企業消滅危機の回避を！

中小企業者数は二〇〇一年では468万者だったものが二〇一二年においては386万者と11年間で実に82万者もが減少しているのです。これには様々な要因があり、東京への一極集中、郊外大型店の増加、工場の海外立地、起業の低調、廃業者の増加などの理由が挙げられています。

さて、これまでの推移はともかく、今後の動向を見据えて考えなくてはならない課題が多くあります。そうした課題の一つに事業承継の問題があります。経営者の高齢化が進み、経営者の平均年齢は年々高くなっており、二〇一六年では61・19歳（東京商工リサーチ二〇一六年調査）となっています。また経営者年齢のピークといわれる年齢も年々高くなっており、すでに68歳に達しているといわれます。

事業承継においての問題は後継者が見つからないということです。政府も事業承継支援に注力し、啓蒙活動やM&A支援の全国展開を行っていますが、その進捗は簡単ではありません。業績が悪くなくても後継者がいないために廃業するといったこともあり、廃業者

【図表序－１】　人手不足の深刻化

（総務省人口推計　平成28年10月等により作成）

		年度	人口：万人	指数
総人口	実績	2016年	12,693	100
	推計	2040年	10,728	85
	〃	2060年	8,674	68
生産年齢人口	実績	2016年	7,656	100
	推計	2040年	5,787	76
	〃	2060年	4,418	58
高齢者	実績	2016年	3,459	100
	推計	2040年	3,868	112
	〃	2060年	3,464	100

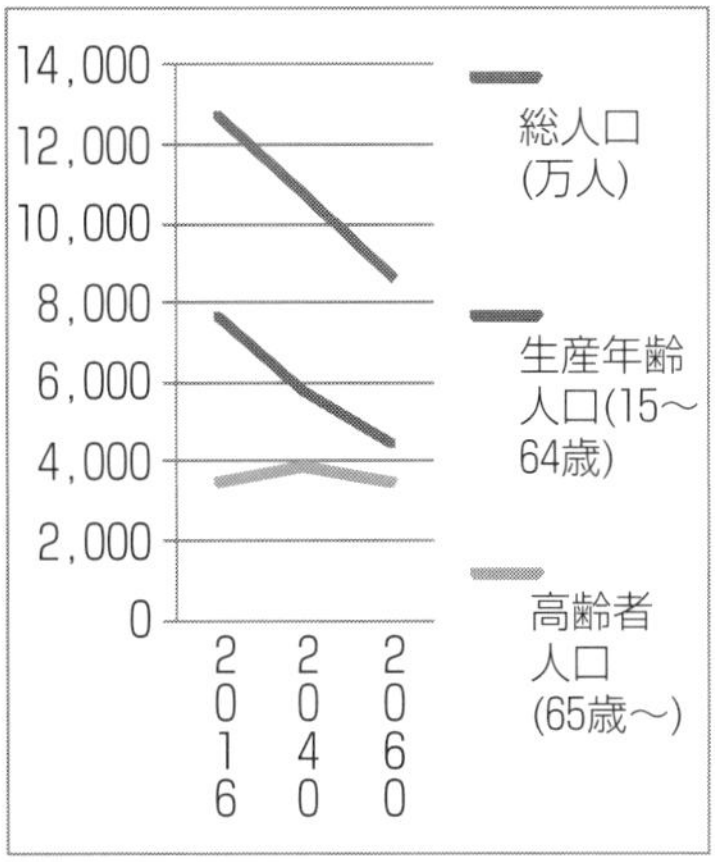

（注）　生産年齢人口15～64歳，高齢者65歳～

【図表：序－2】　企業数の減少（総務省・経済産業省「平成24年経済センサス－活動調査」）

	年度	企業数：
中小企業	2001年	4,688,360
	2004年	4,334,684
	2006年	4,276,779
	2012年	3,852,934
うち小規模	2001年	4,100,000
	2004年	3,780,000
	2006年	3,660,000
	2012年	3,342,814
大企業	2001年	47,407
	2004年	45,607
	2006年	50,690
	2012年	10,596
合計	2001年	4,735,767
	2004年	4,380,291
	2006年	4,327,469
	2012年	3,863,530

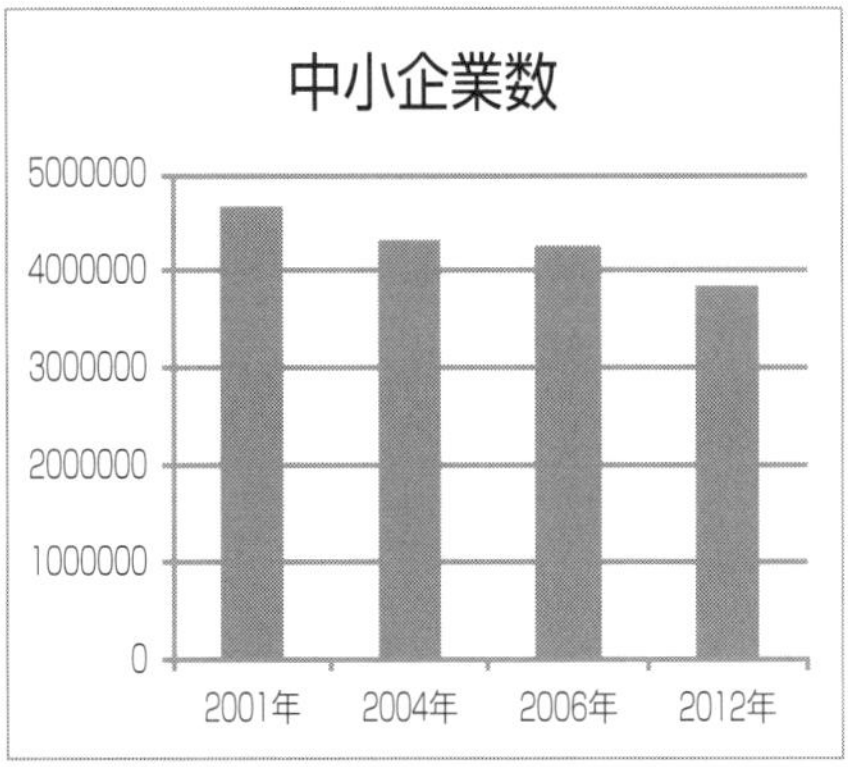

●労働人口減少によって企業の存続が危うい。
●従業員数を維持すれば企業数は減ることとなる。

数は増加傾向にあります。望まれますのは、早い準備と対策の実行です。

基本的な課題となりますのが、先に述べました労働人口減少への対処です。二〇六〇年になると労働人口は現在の水準から42％も減少すると推計されています（図表・序－1）。当然のことながら、事業者は各々人材を雇用しており、当社は15人で事業活動を行っていますといった具合です。しかし労働人口がこれから大幅に減少していきますと、人材不足により、これまでの雇用が難しくなり、例えば7人しか確保できなくなったとすれば、これまでの規模の事業活動は維持できなくなります。ですから力のある企業が15人確保して事業を継続すれば、全体として企業数は減少し、ざっと2分の1になってしまう勘定です。

実はこれは大変なことであり、どの企業も等しく消滅の危機にあるといっても過言ではありません。これは全体の趨勢としての話ではありますが、皆さんに望まれることは、1日も早くこのような情勢を認識し、消滅企業にならないための確固たる対策をとるということです。これはもう小手先の対策などではなく、経営の強い存続基盤をつくるために必要な手を打っていくということにほかなりません。

第1章　人が辞めることの本質を探り、あるべき姿に構築せよ！

一　離職が経営を左右する

経営は人によって成り立っていることは自明のことですが、その人の動向によって経営が左右されてしまうことは当然のこととなります。ある企業においてその経営を支えているといってもよい有能な人材が、ある日突然「やめます」と言ってきたときの経営者の驚き、狼狽は察するにあまりあるものがあります。

また苦労し、費用をかけて人を採用したものの、半年も経たないうちに退職してしまうといったケースは日常茶飯に起こっています。特にそのような会社や介護施設においてはこのような状態が常態化し、経営者は人の問題に振り回されていて、とても他の重要な経営課題に取り組む心境にはなっていないという現実があります。そうなりますとその経営は人の確保が最大の課題となり、そのことで持てるエネルギーの大半を費消するといったやりきれないレベルの世界に没入することとなります。

ところが、そのような会社や組織がこれに対してどのような対応をしているかといえば、筆者の遭遇したケースでみる限り、殆ど見るべき改善・改革がなされていないというのが実態です。なかには頭では抜本的な改革が必要だと認識されているケースもありましたが、残念ながら日常業務に追われていて、改善行動には踏み出されていません。何から手をつけて進めるのがよいのかといった具体策も手にされていない状況がそこにはあります。

人手不足が喧伝されている世の中ですから、そのような会社や組織はこの離職問題に対してはなおのこと真剣に対策を取っていく必要があることは言うまでもありません。一方「企業は人なり」と言われて久しいなかで、これからの中心課題は「人材の育成」といわれます。人の育成に対していま様々なやりかたでの取り組みが盛んになされていることはご承知の通りです。しかし採用と離職の問題ウエイトが高いといった場合には、先ずはこの課題の解決を中心に対策を立てることが必須の要件となります。

そこでいま一度自社の状態を冷静に把握・分析し、どのように対策していくのがベストなのかを探求することからスタートすることです。そのためには先ず対応への考え方を確立し、次いで具体的な取組みのやり方を構築することです。本書でこれから述べることはこの課題の根本的な解決に必ずや役立つものと信じています。

さて、離職ということについて改めて考えますと、離職には「やめられて困った」ということと「やめてもらって助かった」という両面があります。経営にとって有為の人材については当然のことながらやめられては困るわけです。一方で常に会社のやり方に反対する、またそれだけでなく周囲にも悪い影響を与え、チームワークの働きを阻害するといった困った存在もいるのは事実です、また自分の仕事に責任を持たず、結果として会社に少なからぬ損害を発生させているといった場合もあります。このような場合には、いまは余程の就業規則違反が明確な場合を除き、一方的な解雇は不可能です。自主的に退職してもらうのが最善となります。

離職にはこういった二面性がありますので、離職をうまく活用するといった考え方も取り入れる必要があります。これは後で詳述することとなりますが、要は組織がまとまった一つのチームとして、活性化した集団としての機能を発揮していくといった観点から有効な対策を打つということなのです。そうしますと考え方の手順としてはまずは必要な人材の確保と育成、次いで組織の阻害要因の排除ということになります。ただし、いかなる場合も人の尊厳は基本的に守る姿勢を堅持することが重要です。

二　真の問題点は何かを見つけ出せ

離職対策についてはいろんな方が対策を述べておられますし、それなりに有効なものも多いことは事実です。しかし考えておくべき最も大切なことは、小手先の対策に終わってはならないということです。例えば、他の業者より待遇面で劣っているので、給料を上げることにより、離職を防止したいというケースです。実際にこれが効を奏すこともないとは言えません。でもこれは対策の一方法であるに過ぎません。

本書で一番理解して頂きたいことは、企業なり組織が存続し、成長し、未来にどのような姿をつくることを目指すのかというその過程でこの課題を考えるということです。つまりあなたが望むこうありたいという理想の姿を実現するなかでの、この課題の解決ということです。そうでないと、一時的、短絡的な対策に終り、経営を前に推し進める永続的な真の対策にはならないからです。

また離職という現象の背後にどんな経営の重要課題が潜んでいるのかを抉り出す必要があります。そこから真の問題点を的確に認識し、対策を立てて実行することです。ですから離職のテーマは言い換えると「あなたが望む理想の姿を実現するための対策はいかにあるべきか」ということになります。

三　離職の実態を知る

(一)　業界別の離職率

産業界の離職率について概観した結果では、離職率は平成十六年に21・0％であったものが、多少の浮沈が見られるものの概ね低下の傾向をたどり、平成二十五年には15・6％となっています（介護労働安定センター調べ）。離職率低下の傾向は喜ばしいことではありますが、それにも増して人手不足感が近年大きくなってきていることは見過ごせない状況です。

次に業界別の離職率については次の図表1－1に示した通り、宿泊業・飲食サービス業が30・4％と最も高く、次いで生活関連サービス業・娯楽業の23・7％となっています。これに対し、低いところでは情報通信業の9・4％、次いで製造業の10・6％といったところです。しかし先に触れましたように、その業界の離職率はあくまで全体平均です。その内容を見ますと、同一の業界においての上下の格差には業種によって大きな差異が存在することが分かります。この点に注目し、特に課題が大きいと思われる介護分野についてはその実態を別途把握する必要があるように思います。

【図表1－1】 産業別離職率一覧

区　　分	離職率（%）
産業合計	15.6
医療福祉	15.2
（医療福祉のうち介護分野）	16.6
建設業	12.1
製造業	10.6
情報通信業	9.4
卸売業・小売業	15.0
不動産業・物品賃貸業	13.6
宿泊業・飲食サービス業	30.4
生活関連サービス・娯楽業	23.7
教育，学習支援業	14.9
サービス業（他に分類されないもの）	23.2

資料出所：厚生労働省　平成25年雇用動向調査結果の概況，介護労働安定センター平成25年度介護労働実態調査

㈡　注目点…業界内の格差

そこで離職率の業界内の格差に触れておきたいと思います。残念ながらその内容についての客観的な統計資料などは発掘できていませんが、筆者がコンサル活動のなかで得た情報によってその一端を知っていただければ幸いです。

介護業界の人手不足については盛んに取り上げられるようになっていますが、先に述べたように業界そのものの離職率は16・６％と、高い水準であることには違いありません。しかし業界の事業経営者の話では、介護施設でも設立して既に一定の経営基盤のできているところでは、離職率は５％前後だということです。そしてたまたま設立してまだ数年しか経過していなくて経営基盤のできていない不安定な事業所に伺う機会があり、お聞きしましたところ、離職率はなんと37～８％に達しているということでした。

そこで大きな問題として意識されますのは、このように高い離職によって採用に明け暮れている事業所においては、本来的に必要な経営課題に有効な手が打てていないということです。問題意識は持たれているものの、人の確保が最優先になります。そうした場合、一日も早く経営の根幹ともなる基本理念の構築とともに人事・賃金制度の構築に注力し、事業所そのものの信頼性の確立を行うことです。そうしませんと、折角獲得した人材を簡単に手離すといった事態からの脱却はできないことになります。

こうした状態の中で生まれた言葉として「介護渡り鳥」というのがあるそうです。これは文字通り次から次へと少しでもよい条件を求めて渡り歩く人たちのことを表しています。このような人たちが離職率を押し上げているということになります。これは本当に困った状況であるわけですが、このようなことからも介護業界の事業所経営が二極化の状態にあるということが推察されます。

介護業界の事例を述べましたが、他の業界もこの事例のような大きな格差はないにしても、多かれ少なかれ格差は存在しています。そしてこの現象は離職対策を考えるうえで大きな示唆を与えているものと考えられます。

(三) 今後の傾向予測

産業界全体の傾向としては景気の動向に左右されることが考えられますが、少子高齢化が進むことは歴然としていますので、離職率そのものは少しずつ低下していくことが見込まれます。しかしこのことは個々の企業や法人にとっては環境要因としては影響があるもののやはり個別の対策の良否が事態を左右することは間違いのないところです。ここでは全体の傾向がどうであれ、自社はこのように対策を立てて改善・改革を推し進めるといった確固たる方針と計画の策定が望まれます。
ですから次章以降はこれからどのように取り組むことが必要なのかをあらゆる角度から検証し、皆さんが自信を持って進んでいかれるための方策の検討を行います。

四　離職の原因を掘り下げる

㈠　離職原因のアンケート調査から

離職の理由についての調査はいろんな機関が行っていて、その内容をみると各々で異なったものとなっています。調査対象も転職活動を行った人を対象とした場合、単に退職した人を対象にした場合など少しの違いが見られます。また調査対象の人員、すなわち分母の大きさも大きく異なっています。そのような中で特定の統計やアンケートに全面的に頼ることはできないと考えざるをえません。

といいますのは、調査の段階であらかじめ退職理由の項目を設定して選択させる場合と、そうではなくあなたのホンネを書いて下さいといった場合の内容が大きく異なっているからです。あらかじめ項目が設定されている場合には、いわゆるタテマエともいえるものが多く含まれています。その詳細は省きますが、私としてはホンネを聞いたものの方がより

身近に感じています。そこでそのホンネを聞いたという調査を紹介し、参考に供したいと思います

【退職理由のホンネランキングベスト10】リクナビNEXT（転職サイト）より

1位　上司・経営者の仕事の仕方が気に入らなかった。23％
2位　労働時間・環境が不満だった。14％
3位　同僚・先輩・後輩とうまくいかなかった。13％
4位　給与が低かった。12％
5位　仕事内容が面白くなかった。9％
6位　社長がワンマンだった。7％
7位　社風が合わなかった。6％
8位　会社の経営方針・経営状況が変化した。6％
9位　キャリアアップしたかった。6％
10位　昇進・評価が不満だった。4％

なお参考までに転職活動を行った約3万人を対象とした調査の結果も紹介しておきます。

（DODA　転職理由ランキング二〇一六年下期より）

1位　ほかにやりたい仕事がある　12・８％
2位　会社の将来性が不安　９・７％
3位　給与に不満がある　８・０％
4位　残業が多い・休日が少ない　６・６％
5位　専門知識・技術力を習得したい　４・４％
6位　ＵＩターンしたい　３・５％
7位　幅広い経験。知識を積みたい　３・０％
8位　雇用形態を変えたい　２・７％
9位　市場価値を上げたい　２・６％
10位　土日祝日に休みたい　　以下略

この調査は改めて職を求める場合のものであるので、「ほかにやりたい仕事がある」というのが1位というのはうなずけるところです。

なお、今一つ新卒についての離職率を見ておく必要があります。厚生労働省の「新規学卒者の離職状況」調査では新規学卒者の入職後3年以内の離職率は大卒者で31・９％、高卒者で40・９％と非常に高い状況となっています（平成25年3月卒業者）。この新卒者の離職に関しては若い人たちの意識がどのようなものであるのかといったことの把握とその対策が課題となります。

(二) 表面的な原因の奥にあるもの

さて、統計調査の一端をみたわけですが、それで離職の理由が解明できるものではありません。統計資料は観点によって異なることは明らかで、政府の統計などは離職原因を自己都合か会社都合かといった観点から捉えています。そこで個々の会社や法人の立場では、表面的でない、退職を誘発する真の原因を探求し、これに基づいて対策をとることが求められます。

そこで離職の原因というものをどういった観点から見るべきかということになりますが、これは全面的に統計資料に頼るというのではなく、それも参考にしながら自ら整理していく必要があると考えています。その際重要なことは、離職者の側に軸足をおいて、あくまでも自分であればどうなのかという視点でまとめてみることです。そうすることでその巧拙はあるにしても一貫した捉え方が可能になると考えます。

(三) 原因の探求とその整理

ここでアンケート調査の結果も勘案して筆者なりの離職動機を挙げ、あとでこれを整理して対策に結びつけたいと思います。

【離職の原因・動機】

● 会社に魅力がない。（以下法人・団体等は会社という言葉に代表させます）
● 会社が何を目指しているかがわからない。
● 社長がワンマンで社員の言うことを聞かない。
● この会社は自分の成長に役立たない。
● 仕事がつまらないし、やりがいがない。
● 自分がどう評価されているかわからない。
● 上司が自分勝手で、困った時にも支援してくれない。
● 職場の人間関係がうまくいかない。
● 自分の思いや意見を真剣に聞いてくれない。
● 仕事の方針や目標が不明確で、ムダなことが多い。
● 給料が一般水準より低い。
● 労働時間が長く、休みも満足にとれない。
● 会社の業績が悪く、先行きが不安だ。

まだまだ多くの理由があると思われます。皆さんも自分が従業員であった時の経験をお持ちのかたは、いろんな不満や疑問を持たれたと思います。それを思い起こしていただきたいのです。いま経営者の立場にある方も、今一度従業員の視点に立って考えてみることが大切です。

五　関係各層の視点からあるべき姿と現実のギャップ

離職の原因とその対策を考えるときに重要なことは、単に従業員や求職者だけでなく、会社を取り巻く関係者が社会的存在である会社に何を望んでいるかをしっかり把握することだと考えます。といいますのは、現在では会社の存在意義や社会における存在価値というものが一般に強く意識されるようになってきたからです。単に利益獲得一辺倒の会社は評価されず、社会における貢献度が高いことがよい評価につながっています。求職者に対してもこのような評価が大きく影響を与えていることはお分かりでしょう。

そこで会社、組織としてどんな姿を目指すのかといった命題に資するためにも会社を取り巻く関係者がどんな会社であってほしいと思っているかをチェックして対策につなげたいと思います。

【求職者の望み】

- 魅力ある会社だ。
- 是非とも働いてみたい会社だ。
- 経営者が意欲的だ。
- 目指しているものがはっきりしている。
- 従業員が活発で生き生きと仕事をしている。
- 自分の成長に役立つことが期待できる。
- 給与は業界水準かそれ以上だ。
- 会社の業績がよい。
- 世間の評判がよい。

【従業員の望み】

- 会社の目的がはっきりしており、これに共感できる。
- 会社の目標が立てられ、みなでこれにチャレンジしている。
- 自分の仕事の内容と、役割・目標が明確だ。
- 仕事にやりがいがある。
- 仕事の結果は公正に評価されている。

- やったらやっただけ報われる人事・賃金制度がある。
- 人材育成に熱心で、自分の成長を支援してくれる。
- 職場は明るく、皆が協力的である。
- 上司がよく支援・指導してくれる。
- 自分の意見や提案を親身に聞いてくれる。
- お互いの成果や成長を喜び合う気風がある。
- 業務の指針が明確で、ルーズな対応はみられない。

【顧客の望み】

- お客さま第一の対応ができている。
- こちらの要望を真剣に受け止めてくれる。
- クレームへの対応が迅速、丁寧である。
- 常によい商品・サービスの提供を心がけている。
- 役立つ情報の提供をしてくれている。
- 困っている問題や課題の解決を支援してくれる。

【取引先の望み】

- 常によりよい関係の構築に心を砕いている。

- こちらの要望に対して真剣な取組みや提案をしてくれる。
- お互いのメリットの追求に熱心である。
- 業界や地域における評価が高い。
- 業績がよく、信用度が高い。
- 資金的に安定しており、支払いの遅延等はない。

【地域・社会の望み】

- 地域の発展に貢献している。
- 会社や従業員の評判がよい。
- 地域の行事等に協力的である。
- 業界の発展に貢献している。
- この会社があってよかったと評価される。
- 地域の雇用に貢献している。

このようにみてきますと、望まれる会社のあり方というものが把握できます。なお、従業員や求職者については、「会社の仕事というのは、本来厳しいものであって、そんなに甘いものではない」といった批判も当然あるかと考えますが、ここでは徹底して相手の立場・視点に立ってみることが重要なのです。その上で表面的ではない真の対策を目指すことにします。

そこでこれまでに取り上げた望ましい姿と、現実の姿とを比較したときに、あなたの会社のレベルはどの辺にあるでしょうか。全く問題がなければ言うことはありません。それこそ立派な会社です。しかし多くの会社はそうではない現実があります。自社の問題が主にどこにあるのかを探り、課題を設定し、有効な対策を立てて実行に移す必要があります。

そこで、今一度問題点をその所在別に整理して、対策につなげたいと思います。


【会社】

総括…会社に魅力がない
- 会社が何を目指しているか明確でない。
- 会社の将来について夢が感じられない

【経営者】

総括…経営者のあり方に信頼が置けない。
- 経営者の目指す方向がわからない。
- 経営者としての強い意思やリーダーシップが認められない。

【職場】

総括…職場が明るくない。

- 職場の雰囲気が暗く、活気がない。
- 職場内の人間関係が悪く、チームのまとまりがない。
- 職場のメンバーがバラバラで協力的でない。

【仕事】
総括…仕事がつまらない。
- 仕事の意義・目的がはっきりしていない。
- 役割が明確でなく、やりがいがない。
- 仕事の結果を公正に評価する制度がない。

【上司】
総括…上司に対して不満がある。
- 上司との折り合いが悪く、衝突することが多い。
- 上司が一方的で部下の意見を聞かない。
- 上司の部下に対する面倒見が悪く、支援をしてくれない。

【労働条件】
総括…労働条件は他と比べて悪い。

● 給与が業界水準よりも低い。
● 労働時間が長く、残業も多い。
● 休暇がとりにくい。
● 労働環境が悪く、ストレスが生じている。

【人材育成】
総括…人を育ててくれない。
● 個人の成長やスキルアップに関心が薄い。
● 会社に人材の育成計画がない。
● 上司に部下育成の役割意識がない。

以上のほか視点の違いにより、いろんなまとめ方があると考えられます。要は対策の構築に役立つ整理が重要だということです。そうすることでこの整理したものを会社の現状把握のチェックリストとして活用できることとなります。

六　対策を構築する

企業や法人・組織により、離職問題における実態は各社各様です。本書では先にあげた離職理由をもとに、どんな会社にも共通する基本的な対策を体系的に構築することで、あらゆる課題に対応ができるようにしたいと願っています。まずはこの対策を一通りみていただいた上で、自社に必要だと思われるものを選択し、実行に移してもらいたいと思います。対策の中にはこれまで全く考えていなかったベーシックなものもあるかと思いますが、必要だと思われましたら躊躇なく取り組んでいただくことを望みます。そうすることで当面の目先の対策に終わらない真の対策が取れることとなります。

次頁の図表1－2にまとめた離職対策は、離職原因をなくすための基本事項としてごく一般的なものですが、自社の状況で欠落しているものはないか、一応のチェックをしてみていただきたいと思います。この中で重要なものは後述することとなりますが、本書を終わりまで見ていただき、更なる検討を行うことによってあなたの会社の独自の対策体系図が作成できるものと考えています。与えられたものではなく、自分が確信できるものをつくり、実行することが望まれます。

【図表１－２】　離職対策基本事項体系図

区　分	対応関係	対　策　項　目
会社		理念設定（企業理念ほか） 全社目標
経営者		経営方針 中期事業計画 リーダーシップ
上司		管理者の役割 部下育成への取組み
仕事		役割責任体制 人事評価制度 賃金制度 目標管理制度
職場		行動指針の徹底 チームワーク 小集団活動
人材育成		人材育成計画 キャリアプラン
労働条件		給与水準是正 時間管理 ワークライフバランス

第2章　欠いてはならない基本を修得し、魅力ある会社を目指す

一　損をしない経営理論を知ろう

人に関わる課題の解決にとって是非とも理解しておきたい事項があります。それはこれまでの多くの研究の成果を知ることです。ここで対象にしますのは経営の観点から役立つ理論でなくてはなりません。その中で最も重要な「人」について人とはどのような欲求を持っていてどのように行動するのかという問題についての研究成果です。これらは経営学者や心理学者の手になるものですが、これを一通り理解しておくことは、非常に有用です。

先に見ました事例でも分かりますように、人というのは新たに直面した出来事や経験の積み重ねによって自分の信念や考え方を形成していきます。しかしそれだけではいつも的確な判断が出来るとは限りません。他者の研究成果を知り、これを理解することが正しい判断に大いに役立ちます。経営者の中には一般に知られている理論を知らないことから誤った判断をして失敗しているケースが沢山あります。そういったことからここで代表的

なものを取り上げ、参考に供したいと思います。

二　代表的な理論を学ぼう！

経営に関係する理論の世界では実に多くの理論が存在するわけですが、ここでは一般に広く認知され、活用されているものに限定しています。

㈠　マズローの「欲求5段階説」

アメリカの心理学者アブラハム・マズローは、「人の欲求というものは次の図表2－1に表すように低次のものから高次のものへと段階的に発展するものである。低次元の欲求が満たされると次の段階へと進むが、人としての最高の欲求は「自己実現欲求」であり、これに限っては青天井で限度がない。」と述べています。

この理論によってわかることは、人には自己実現欲求があり、将来はこうありたいという従業員の持つ欲求の実現を組織として支援するといった企業のあり方を検討し、人事施策に反映させることも必要だということです。たとえば経理の専門家を目指している従業員がいる場合、そのことを配慮した人事配置・ローテーションをとるといったことです。筆者もある企業が本人の意向を無視した異動を行った結果、従業員に退職されたという事

【図表2－1】　動機付けの理論～マズローの欲求5段階説より～

■マズローの欲求5段階説（アブラハム・マズロー）

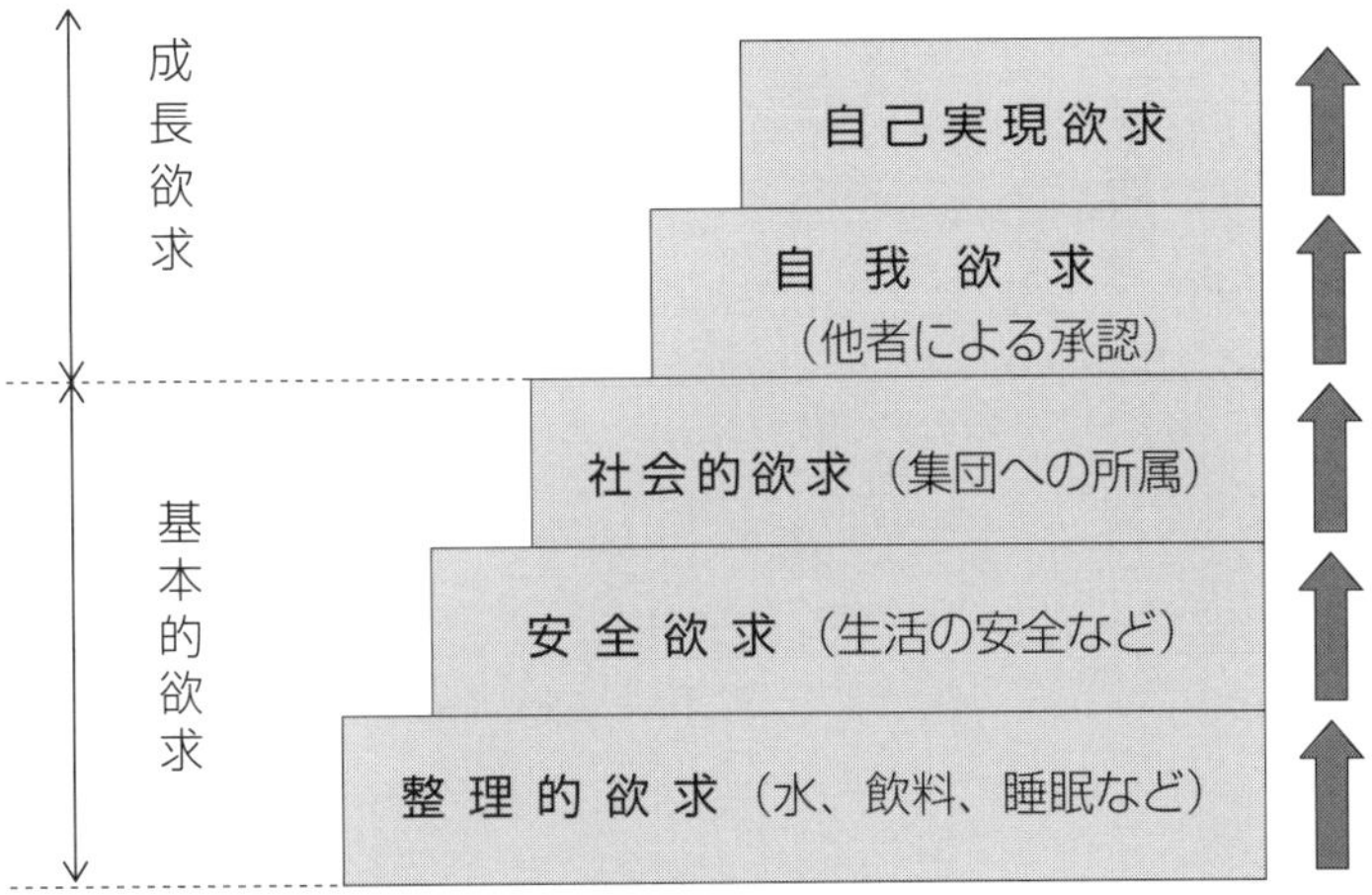

●人間の欲求は5段階あり、低階層の欲求が満たされると、より高次の欲求に向かう。

（注）　マズローが提唱した欲求5段階説は、広く知られているが、晩年には更に6番目の欲求として「自己超越の欲求」があることを示した。これは自己実現を成し遂げてのち、更なる内面の進歩により、心から他者を豊かにしたいという心境で、自己の利害を超越しており、哲学的な領域に入るものといわれる。

例を知っています。一例ですが、経理のプロを目指している社員に、営業への異動を命じたところすぐに退職の申し出があったというケースです。この場合、会社が本人の目指しているものを把握していなかったというのであれば、これは論外です。日ごろのコミュニケーションが不足しています。

そうではなくて本人の意思をわかっている場合には、「経理の仕事も会社の業務を幅広く理解することが必要だ。営業の売掛金債権の回収の実態などを把握して、これからの業務効率化につなぐためにも、ぜひ勉強してきて欲しい」といった目的を話すといった配慮をすれば、本人も納得することとなりますし、会社の思いも通ずることになります。

このように、会社は人材育成について一人ひとりの自己実現目標が何か、どうすれば本人の成長を支援できるかを真剣に考え、人事施策に反映させることが必要です。この欲求5段階説の理論は、まさに人の願望の充足が人材育成の基本にあることを示しているものといえます。

(二) X理論・Y理論

アメリカの心理・経営学者ダグラス・マクレガーがその著書「企業の人間的側面」においても述べている理論で、人に対する見方というのは二つに区分されるというものです。

次の図表２－２に掲げる通りですが、経営の観点で従業員を見る場合は、X理論でなく、Y理論に拠ることが必要だとされます。

経営者は当然のことですがみな自分なりの感覚を持っています。それは特に意識するしないにかかわらず、ここでいうX理論に属しているか、あるいはY理論に属しているかに分かれます。その人の人生観によっても人に対する思いというのは異なってくることでしょう。

そこで経営のあるべき姿からいいますと、人というのは決して指示・強制しないと動かないものではなく、明確な目標があれば自主的に動くものだというY理論が正しいとされるようになりました。これに対し、X理論に傾いている経営者は、何でも自分が指示しなければ事が前に進まないといった観念に捉われ、個々人の意見や創意を無視してしまう、その結果として従業員の反発や離反を招いているといったケースが多く見られるのです。そうしたことからも今一度自身のあり方を見つめ、改善する必要があれば素直に改めていくといった姿勢が望まれるのです。

こうした理論が存在しているにもかかわらず、経営者のなかの多くの人の言動がX理論に依っているとしか思えない実態を多く目にします。こうした場合、経営者や幹部社員に悪気はなく、むしろ会社のことを真剣に思っている、その反映として、部下に強く当たっ

【図表2－2】 マクレガーのX理論・Y理論(ダグラス・マクレガー)

1950年代後半にアメリカの心理・経営学者ダグラス・マクレガーによって提唱された人間観・動機づけにかかわる2つの対立軸を述べた理論

X理論	Y理論
・人間は生まれつき仕事が嫌い、できることなら仕事はしたくない。 ・強制、統制、命令、処罰などの恐れがなければ、目標達成するための十分な力を発揮しない。 ・人間は命令されることを好み、責任を回避したがり、野心を持たず、何よりも安全を望んでいる。	・人間は本来進んで働きたがる存在で、自己実現のために自ら行動し、進んで問題解決する。 ・適切に動機づけられれば、自主性を発揮し、仕事を創意工夫する。 ・人は自ら打ち込む目標のためには自己管理・自己統制するものである。 ・適切な条件下では、人は責任を引き受けるばかりか、自ら進んで責任をとろうとする。

●現在は、X理論でなく、Y理論に立脚した人事管理が求められている。

たり叱ったりしていて、心ならずも反発や離職を招いています。

これからの人材育成は、自分の思いからの視点ではなく、社員の側の視点に立って考えることが必要となります。このことは社員を甘やかすこととは違います。社員の働きは適正な評価とこれに対応する処遇によって報われる、そのような体制があれば無用の軋轢は避けることができます。

㈢　動機づけ・衛生理論

人は何によって動機づけがなされるのかという理論です。アメリカの臨床心理学者フレデリック・ハーズバーグによって提唱されました。私はこの理論をとても重要視しています。本当に人を動かす動機とは何なのかというのは非常に大事なことと考えています。現にこのことを理解していない経営者が実に誤った判断をしています。

たとえば従業員の不満は給料が低いことだと判断し、やる気を出してもらうために給料を上げることで対応しようとします。なるほど低い給料の是正は必要ではありますが、そのことで士気が上がるのはほんの一時的なものです。やがてそれは当たり前のこととなり、仕事そのものへの動機づけには全くなっていないのです。

この理論を自社の考え方と突合せ、万一間違いがあれば是非とも真の動機づけを行うよう方向転換を行っていただきたいと思います。

以上、代表的な理論を紹介しましたが、このほかにも組織のあり方や活性化についての多くの理論があります。できればこれらを知って活用されることを望みます。

【図表２－３】 動機づけの理論～ハーズバーグの衛生理論より～

【動機づけ要因】中心事項	【衛生要因】周辺事項
仕事でこれが働いていると「ヤル気」が起こる ◇仕事で目標が達成できる ◇達成することが承認される ◇価値ある仕事への挑戦ができる ◇責任・職責が増大する ◇自分の能力が伸長できる	これが満たされないと不満を持つが，満たされると当然と思うだけのもの ◇政策運営・方針 ◇作業条件 ◇賃金水準 ◇対人関係（上役・同僚）

たとえば賃金水準を見直すだけではモチベーションを決定付けるには不十分。社員はもっと高次な自己実現という欲求を求めてその会社で働いていることを忘れてはならない。

三　理念とスタンスを確立しよう!

経営に役立つ理論を紹介しましたが、このほかにもリーダーシップや組織の活性化につながる理論が多くありますので、機会を見つけて勉強されることでより一層いろんな課題に対応する際の判断が的確になっていくことが期待されます。いま必要なのは繰り返しになりますが、「**人に対する正しく適切な対応**」です。営業面での戦略がいかに優れていたとしても、これを遂行して成果につなげるのは幹部や従業員の働きです。従業員みなが仕事の場で生きがいを持ち、活発に動いて成果を挙げ、それを喜び合えるような組織風土を作るためにも、経営者のしっかりした理念とスタンスの確立が重要であることは言うまでもありません。

そのような観点から経営にとって望ましい経営者のあり方を謙虚に探求し、良いと思われることを実行していただくことが必要です。理論と実際は違うといって有用な理論・考え方を顧みない方も少なからず存在していますが、これはもったいない話です。良いと思われるものは貪欲に自分のものとし、活用される経営者が成功への道を歩まれることになります。

四　企業理念の構築は欠かせません

離職理由の中でも「会社に魅力がない」というのが会社に対するいわば総括した見方になっています。では魅力のある会社とはどんな会社なのでしょうか。人によっていろんな見方、感じ方があるのは当然のことですが、筆者の見方ではその根底に会社の存在そのものが問われていると考えます。

まずその会社が何を目指して活動しているのかが明確だということです。つまりその会社の存在意義が企業理念として表されていることです。待遇さえよければそれでいいという一部の人を除いて、ふつうは自分が入ろうとする会社の将来に向けて確たる方向性や実現すべき夢をもっているかどうかは大きな判断要素です。「企業理念とその構築」については前著「小さな会社の経営を楽にする三法則」（カナリアコミュニケーションズ）において詳述していますが、ここで要点を掲げておきます。

【企業理念は組織の魂だ】

・わが組織の存在意義・価値はどこにあるか
・わが組織はどんな姿を実現していくのか
・わが組織は何を規範として行動するか
・わが組織は「人」をどう活かすか

・わが組織は地域社会にどう貢献するか

これらの問いに答えるものが企業理念であり、次のようにまとめることができます。

●理念は組織の目指す姿を示す。

●理念は組織の生き方をあらわす。

●理念はそこに働く人のあり方を示す。

魅力ある会社というのはまずこの企業理念が設定され、それが組織の末端まで浸透して日々の業務に反映されている状態が実現している、そういう会社だと捉えることができるのです。別の言葉でいえば、夢のある会社、本気で未来を創ろうとしている会社、社会に貢献できることを喜びとしている会社、という風にもいえると考えます。

いま中小企業や社会福祉法人、障害者施設などにおいて人材募集に役立てることも意図してホームページが作られ公開されているわけですが、それらを見る時にその会社等の理念が掲げられているものは意外に少ないのです。技術や設備の優秀さや施設の充実ぶりをPRしていても、その組織が何を実現しようとして活動しているのかが伝わってこないということです。またごく一般的な会社や施設としての役割・機能を述べたものもあることはあるのですが、これではその組織でないと果たせないといった独自の存在意義を知ってもらうことにはなりません。

今の時代的な背景からしても、組織は社会においての存在意義が問われるようになってきています。求職者の側からしても、自分の人生を形成する仕事について、魅力のあるやりがいのあるところに応募したいというのは当然のことです。

【事例２〜１】理念がその力を発揮し人材獲得へ

（株）ドリームインキュベーターの創設者、堀紘一氏が二〇〇〇年に会社を立ち上げる際、資金もなく６万円を投じてホームページをつくり、そこに次のような企業理念を掲げました。

一、人々の役に立つ　（事業に存在理由がある）
二、利益を創出する　（事業が付加価値を生む）
三、成長する　（事業が社会的影響を持つ）
四、分かち合う　（事業が社会に調和する）

会社が成長し、当時入社した人たちが幹部の立場に成長してきた状況の中で堀氏が改めて「どうしてうちの会社に入ったのか」を聞いたところ、みな異口同音に「企業理念に惹かれました。なかでも「人々の役に立つ」、と「分かち合う」に共感したからです」と答えたそうです。それも入社した当時、以前の会社より給料が低くなったにも拘わらず、入ったということは何よりも仕事のやりがいというものを求めてのことと理解できます。

心ある人にとってはその時の待遇というよりも自分の人生をその会社に託して仕事をしてみたいという願望が何にも増して強かったものと推測できます。皆さんにはこのような事例もあることを知っていただき、是非とも企業理念、基本理念、社是といった「**理念の構築**」を行っていただきたいと思います。既に理念の設定がなされている場合は、それがこれからの時代に適合するものかどうか、再度吟味されることをお勧めします。

なお、企業理念については、後述の各章の企業の事例を述べるなかに多く記載していますので、これらを吟味されると理解を深めることができます。

五　行動指針の必要性、わかっていますか?

企業理念は会社の存在価値を示すために必要なものであることは理解していただいたと思いますが、これだけでは十分ではありません。理念が組織に浸透し、業務活動に活かされていることが必要です。掛け声だけでは実効性がありません。そこで理念と対をなす「行動指針」の設定が必要となります。行動指針は理念の実現に対してどんな考え方で日常の活動を行うかを具体的に示したものです。

理念は先にも触れましたが、企業理念、基本理念（社会福祉法人などの場合）、社是、社訓、クレドなどと表現され、中には具体性の強いものもありますが、概ね抽象的な表現となっています。これを日常業務に結びつけた具体的なものとするのが行動指針であるわけです。

【行動指針の事例】

フジッコ（株）　私の行動指針

一、約束はすべての人が必ず守ること。
一、練習なくして上達はないと考えること。
一、明確な目標を持って行動すること。
一、自分が責任を取るつもりでいつも行動すること。
一、仕事はスピードが生命線だから、よいと思ったことはすぐ実践すること。
一、法令を遵守し、誠実な対応と正しい仕事で、社会的責任を果たすこと。

ほんの一例を挙げたわけですが、要は理念の実現に必要な業務上の判断に役立つものとして設定されるということです。ちなみにフジッコ（株）の場合は、企業理念として「お客様とともに新しい食文化を拓く健康創造企業を目指します」が設定され、その下に別に「私の信条」四項目が設定されています。この行動指針はこれに続くものとして設定されています。

このように理念と行動指針によって望ましい組織風土が形成され、社員が一つの方向性を持って生き生きと仕事に取り組んでいる姿というものが他からも大きな評価を受けるということです。

【参考資料】　フジッコ（株）については二〇一五年に、筆者より依頼し、企業理念から行動指針に至る体系資料の提供を受けています。

六　理念の浸透と風土の刷新の賢い方法

魅力ある会社の要件として第一に理念の構築というものを取り上げましたが、この理念は単に社会における存在価値を示すということにとどまるものではなく、会社の生き方そのものを定めるということから、実際に経営の基盤をかたちづくるものとなります。理念に続く経営方針、経営戦略、中期事業計画の策定といった経営の全プロセスに深く関わってくるものです。

この理念の浸透とこれに対応する組織風土の形成に対する経営者の役割には大きいものがあります。アンケートにおいて離職理由の一つに挙げられている「社長がワンマンだ」という指摘に対して思うことがあります。本来経営トップである社長や理事長には強いリーダーシップが求められています。その限りにおいてはワンマンというのも必ずしも悪いということに決めつけるわけにはゆきません。問題は社長の発言が恣意的なものでころころ変わったり、納得性に乏しいものである時です。

トップの発言や説得が組織の理念に基づくものであれば、このような反発はでてこないのです。重ねての説明になりますが、理念は将来実現したい姿や組織の生き方を表します。皆で力を合わせてその実現に挑戦していくといった明確な方向性を持っています。このような理念に基づく話というのはワンマンなるがゆえに出てくる話ではないというところが決定的に違います。

【事例2〜2】理念から実践行動までが一貫し、信頼度を高めたもの

中央タクシー株式会社　長野市　設立一九七五年（昭和50年）社長　宇都宮司氏

最初に、この会社のあり方を、理念の体系により、把握していただくこととします。

【経営理念】

お客様が先　利益は後

お客様とは

一、お客様は、自分以外の全ての方である

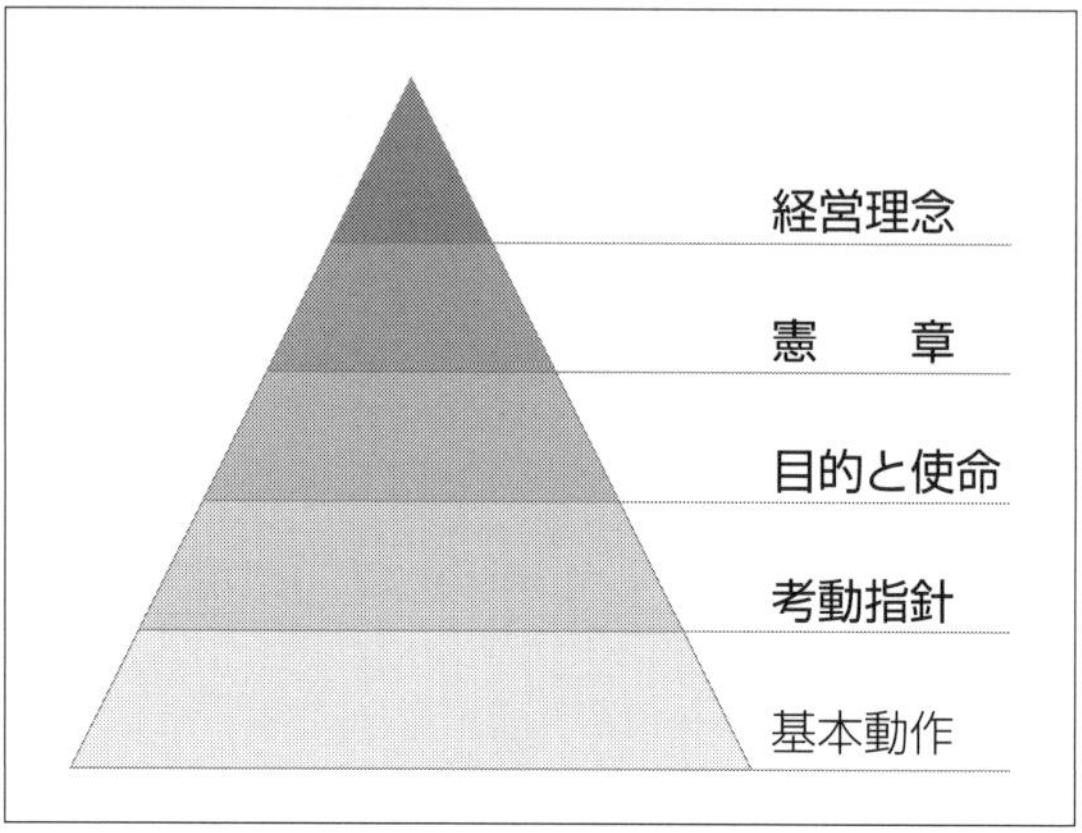

一、お客様は、我々の生活を支えて下さる方である
一、お客様は、我々の足りない部分を教えて下さる人生の師である

利益とは
一、利益の基本は革新料である
一、利益は我が社の真心と力の限りを尽くして、お客様にお仕えした結果頂戴する心からの満足料である。
一、利益は我が社に集う全ての人々、そして我が社を取り巻く全ての人々にとって福祉の源泉である。
一、利益は我が社の将来に向かって益々拡大発展し、しかもその道程で遭遇するリスクを克服するための源泉である

【憲章】
我々は、長野県民・新潟県民の生活にとって必要不可欠であり、さらに交通弱者、高齢

者にとってなくてはならない存在となる。私たちが接することによって「生きる」勇気が湧き、「幸せ」を感じ、「親切」の素晴らしさを知って下さる多くの方がいらっしゃる。私達はお客様にとって、いつまでもこのうえなく、なくてはならない人としてあり続け、この人がいてくれて本当に助かりますと、思わず涙とともに喜んでいただける。我が社はそんな人々によってのみ構成されている会社です。

【目的と使命】

お客様主義を礎にして「お客様・社会・会社」三位一体の相互信頼を築き、これをもって地域社会に貢献し、誇り・躍動・豊かさを追求するプロ集団として業界の革命児となる。

【考動指針】

我らが誓い

一、お客様の尊厳を守り、自らの地位向上に努めます

一、自己内天の規律に徹し、一切の怠慢をなくします

一、プロドライバーの自負にかけ、無事故無違反を完全達成します

【基本動作】

自己紹介　ドアサービス　傘サービス

●自己紹介とは

乗車したときに、お客様に安心を感じていただくために行います。
・「わたくし、中央タクシーの〇〇と申します。よろしくお願いします」と伝える。
・いつでも誰にでも行います。
・感謝の気持を込めて行います。

●ドアサービスとは
自動ドアを使わずに、手でドアを開閉します。
・感謝の気持を込めて行います。
・お客様を大切にするという表現です。
・安全のために行います。

●傘サービス
・お客様が雨に濡れないように行います。
・トランクにはお客様と付き添う自分の2本の傘を常備します。

以上、当社の理念から実践行動にいたる体系を示しました。一般的には「企業理念」「行動指針」といった体系が多い中で、当社の場合は図示しましたように理念〜基本動作まで段階を踏んで詳細に説明がなされています。特に優れている点は、理念の実現を実際の業務行動と直結させていることで、「基本動作」の設定でやるべきことが具体的になっています。これにより、ややもすると理念の理解と行動が結びつかない点を見事に解決しています。

なお、当社では朝礼での理念の唱和、ドライバーの皆さんの事例発表会やディスカッション、そして会長の創業の想いの講話など、理念の浸透に様々な努力がなされています。

当社には理念の浸透を物語るエピソードがあります。一九九八年（平成十年）二月の長野オリンピック開催時のことです。オリンピックですから当然のこと大変な数の選手・役員と観客が押し寄せる状況に対し、この地域のタクシー会社では協同組合を作ってオリンピック関連の指定業者として活動することが決められ、中央タクシーもこれへの参加を求められました。当時の社長（現会長）宇都宮恒久氏は、地域への協力の意味合いと、いわば特需による売上高増大も視野にいれてこれに参加したわけです。

ところがほどなく、現場のドライバーから「これまでのお客さんはどうなるのですか、オリンピックへの対応を行うとこれまでやってきたことが出来なくなります」との意見が述べられたのです。これによって社長はハッと気づかされました。「当社の本来の仕事は、何は置いても障害のある方や高齢者の方にとって役立つことだ、オリンピックではない、危うく間違えるところだった」ということでオリンピックからは撤退し、本来の業務に専念することとしたのです。

そのような活動の積み重ねによって、今では「待ち時間が少々あっても中央タクシーさんでないといけない」といったお客様の強い信頼を得るようになったわけです。この話は、従業員が会社の理念と実践そのものを身に付けていたために、会社の軌道修正に貢献できたということを示すものです。

経営トップや幹部の皆さんには理念の浸透の意味をよく理解していただき、理念による強力なリーダーシップの発揮をお願いしたいと思います。理念は経営の根幹をなす基盤となるものであり、募集や離職の課題にとどまらず、あらゆる課題解決のいわば源泉ともなることを深く銘記していただきたいものです。

第3章　こうして、人を活かすために、必要な仕組みを作る

一　こうして、人事理念を明確にする

「企業は人なり」とはよく言われる言葉ですが、人のあり方や活動が企業そのものだといっても過言ではありません。その人についての企業の考え方というものが非常に大事です。わが社が求める理想とする人材は「……」だということがはっきりしていること、同時に人に対してどんな思いを持って対応していくのかを規定する人事理念というものが重要な意味をもちます。

この人事理念は当然のことですが、企業理念の目指すものに密接につながっています。企業理念は先に述べましたように企業の魂とも言うべきものであり、企業の生き様を表しています。したがってそれは企業の中で働く人についての思いが込められています。その思いを凝縮して表現したものが人事理念だといえます。

トヨタ自動車ではこのような人に対してのあり方が「トヨタウェイ」としてまとめられ

ており、人材の育成が基本理念として挙げられています。このように人事理念を明確に定めることでその企業や組織においての人のあり方や人の育成についての方向性をはっきり示すことによって理念にそった行動をとっていくことの大事さを特に管理監督者層に認識させているといえます。

人事理念はその会社の人事・労務戦略に反映されていくことになります。逆にいいますと企業理念や人事理念が定められていない場合には一貫した人事施策の遂行は不可能となります。魅力ある会社というのは人に対する姿勢にぶれがなく、一貫して従業員の育成と成長を願ってそこに力を注いでいる会社といえます。

皆さんも自社の状況を見つめていただき、人事理念の明確化とこれに基づいた人事方針・戦略の策定、実施を目指していただきたいと思います。これは言ってみれば将来に亘る人事施策の基盤作りにあたりますので、その重要性を強く意識して取り組んでいただくことを望みます。

二　こうして、育成計画をつくる

「人材の育成」は今や経営の重要課題です。競争に負けている会社はこの育成に熱意のない会社だといっても過言ではありません。人材は一朝一夕に育成できるものではないことはご存知のとおりです。企業の貸借対照表には人材の状況は示されません。同じレベルの会社を比較する場合に、どちらが優れているかは人材が育ちつつあるかどうかで決まると考えています。この意味でも他社が人材育成にどのように取り組んでいるかを知ることはとても重要ですが現実には関心が低いのが現状です。

さて、これからの時代に求められている人材は「市場適合型人材」だといわれます。その意味は顧客満足を志向する時代にあっては、すべての従業員がお客様を向いて仕事をすることが求められている…具体的には、顧客の要望等をキャッチし、それを社内につなぎ、必要なものは実際に実現させるという感覚と力を持つ人材ということになります。これは勿論営業マンだけの話ではなく、関わるすべての人について言えることです。持っているマインドがお客様第一になっているということを意味しています。

このような人材が、ただ手をこまねいていて育つはずはありません。社内で育成へのプロセスを検討し、育成計画を立てて実行することにより、はじめて実現できるものです。育成の目的により、育成計画も異なるわけですが、要は計画と実行がなければ何も果たせるものではありません。経営者からよく聞かれるのは業務が多忙なのでとても育成に時間をかけるわけにはいかないとの言葉です。育成は業務の一部だといった考え方に立たなければなりません。

人材育成計画は、一般には階層別に各々の階層に必要な到達レベルを設定し、業務を通じての育成であるOJT（オンザジョブトレーニング）と、業務を離れて実施するOFFJT（オフザジョブトレーニング）の両者について計画します。計画で重要なことは、管理・監督者の部下育成への役割認識です。部下育成は管理者・監督者の重要な役割であるわけですが、まだまだこれが意識されていない状況があります。まずこのことも課題として取り組む必要があります。現場の管理者には特に仕事を通じての部下育成に大きな責任を負っていることへの意識の浸透を図っていかなくてはなりません。

三　こうして、目標の共有と役割の設定をする

離職理由の一つに挙げられる「仕事が面白くない」ということが意味することを考えてみます。面白くないというのは、まずやっている仕事の価値や目指すべき目標が明確でないということが挙げられます。どんな仕事にも必ずその仕事の持つ意義や価値というものがあるわけですが、多くの場合仕事に取り組む本人に対してただやってくれというだけで、何の説明もないというのが通例です。

一般の業務はもとより、管理者に任命する場合も、管理者の任務は「…」という指示や説明がなく、新任者はどういう方針を持ってどのように取り組むのかが明確でないまま与

えられた業務に入っていきます。そもそも会社自体が各業務の果たすべき役割と実現すべき目標を持っていないということが多いのです。一歩進んで会社に事業計画が設定され、目標数値が明確である場合においても、何のためにこれに取り組むのかがしっかり理解されていなくてはなりません。

私どもが目指したいのは、極限すれば「仕事が面白く、楽しい」という状態です。それをどうやってつくり出すのかというのが課題であり、この課題の解決に力を注ぐことが望まれるところです。

四　こうして、人事評価制度をつくろう

㈠　評価制度の目的

離職理由の一つに「自分の仕事がきちんと評価されない」というのがあります。働いた結果についてはは誰しもそれがどのように評価されているのかについて高い関心を持っています。それが何の反応もなく、またキチンとした評価制度がなくてフィードバックもないということになれば、会社に対する信頼感は大きく損なわれるのは当然のことです。経営者はこの点をしっかり考えて対応する必要があります。

まず会社として従業員に対してどのような評価を行っているかの現状を見つめる必要があります。中には評価が全くなされないケース、評価がなされていても社長の一存で決められ、どんな基準によって評価されるのか全くわからない、つまりブラックボックス化の状態になっているケースなどいろいろです。またこれはごく一般的なことですが、評価制度が実施されている場合においても、評価者の評価のバラツキにより、とても公正とはいえない状態になっているといったことがあります。ですから当初は評価制度のあるべき姿を理解・認識し、現状とのギャップを把握し、その上に立って制度構築をすることが求められるわけです。

そこで最初に考えるべきことは、何のために評価をするのかという「評価の目的」です。評価はこれまで多く「人事考課」といわれてきましたように、実績や能力を査定し、それを給料や賞与の支給に利用することが一般的に行われてきました。それはそれで一つの目的に活用されているといえます。しかし、今の時代は人材の質やその働きによって企業の業績が左右されることが、強く認識されるようになってきました。

これからの時代は特に人材の育成と成長が重視されますし、なお且つそのスピード化が求められています。ですから人事評価も単に結果の把握ではなくて、これを対象者の育成に積極的に活かしていくことが必須の条件となってきています。まさにこのことが将来の明暗を分けるといっても過言ではありません。評価は処遇への反映に加えて人の育成と成長に活用すべきものとなっているのです。このような目的に適合する評価制度の構築が求められることになります。

(二)　評価制度の構築

制度の構築はこれまでに述べましたように目的に沿ったものにする必要があります。これは人事制度全般に言えることですが、「公平性」「公正性」「納得性」を備えたものを目指さなくてはなりません。

【公平性】誰に対しても扱いが公平で分け隔てのないこと。
【公正性】設定された正しい基準に基づいて判断がなされること。
【納得性】関わる人みんなの理解が得られ、納得がなされていること。

このような要件を備えた制度の構築と運用が必要ですので、制度の構築や改革に当たっては特定の人や部署が独断でやるのでなく、適切なメンバーの協議によって決めるよう手順を検討することも必要となります。

制度の内容は会社や組織の違いがありますので、一概には言えませんが、先に述べました人事理念に従い、組織にとって望ましい人材とはどのような取組み姿勢と働きが必要かを設定し、これに沿った設計をすべきものと考えています。他社の事例等は参考にはすることがあっても、そのまま模倣するのは感心できません。自社の思いや方針を反映するものでなくてはなりません。

なお、評価制度に共通する基本的な考え方を挙げておきますので、検討されることを望みます。

【評価制度の要件】

・評価の内容は一般には「成績評価」と「能力評価」に分けて行い、昇進・昇格にはこの両者を活用し、賞与の支給は成績評価を反映させていること。

・階層別の仕事の要求水準および必要な能力水準を明確にすること。資格制度を運用している場合は、各資格等級に対応する能力と業務の遂行内容およびその達成レベルの設定が必要です。

・評価の運用のあり方を検討し、誰が誰を評価するのか、すなわち評価者と被評価者の関係を明確にすること。

・育成の観点から、場合によっては評価表に自己評価欄を設け、自己評価と上司の評価の対比ができるように設計することを考える。

㈢　評価制度の運用

検討を重ねて出来上がった評価制度は、その運用こそが重要です。制度自体はよくてもこれを十分運用されていないケースがよく見られます。必要なのは先に述べましたように、評価の目的を果たす運用です。特に留意することは、評価の結果を育成に活用することです。評価の結果について上司と部下が話し合い、今後の当人の成長や業務改善に結びつけることです。これをフィードバック面接といっていますが、その場を通じて相互の意思の疎通を図り、次のステップへ意欲的に取り組んでいけるような動機づけの場ともなるわけです。勿論、上司が一方的に指示して終わりといった面談では意味がありませんので、そこはコーチングの勉強をするなどの努力が欠かせないこととなり、上司自身の成長にも役立ちます。

このフィードバック面談は、通常は半期ごとに実績の振り返りとして行い、場合によっては次期の目標設定課題の検討を併せて行うことも実施されます。要は、評価を実績の査定目的に使うのでなく、従業員の育成にも十分に活用することが望まれているということです。

五　こうして、賃金制度をつくろう

(一)　賃金制度のあり方

人事制度においてそのかなめをなすものは何といっても賃金制度だといえます。賃金制度も先の評価制度と同じく、企業理念に基づいて考え、しっかり検討して構築することが必要です。企業理念には人に対する思いが込められることはご理解いただいているものと考えますが、人の育成と人間的な成長に役立つものでなくてはなりません。ところが現実には理念を踏まえてその実現を目指すのにふさわしい制度はまだまだ少ないといえます。勿論、理念の設定自体がなされていない場合も多くあることがその背景にあります。

賃金制度を検討するに当たり、理念の反映の前に理解していただきたいことがあります。それは今の時代の賃金についての考え方はどのようなものかということです。企業や法人組織によって様々な賃金制度が構築、運用されているのは当然のことですが、賃金とは何かということへの考え方は千差万別です。そこで賃金制度のこれまでの経緯を振り返るとともに、これからの傾向や考え方を知り、これから時代にふさわしいものを構築していただきたいと念願しています。

ここで筆者の経験をお話しします。企業に勤務して人事課長として給与制度の改革に取り組んだことは今のコンサルタントの仕事に大きく役立つ結果となりました。先ず改革の動機は、年功制の打破にありました。年功序列制度においてはご存知のとおり、年齢・勤続の大きさによって給料が決まります。人は年齢・勤続ともに年々増えるのは当たり前であり、それにつれて給与も年々積み上げられていくわけです。このことは人件費の非常な硬直化とあわせ、仕事の責任の大きさとは比例しないという大きな矛盾をはらんだ制度であるわけです。課長よりも給与の高い係長や平社員が沢山いるといった状況でした。

これをなんとか是正したいとの思いから当時革新的な制度として普及しつつあった「職能給制度」への転換を図ったのです。大変な抵抗がありましたが、これを何とか乗り越え、改革を実現できました。当時は現状を打破する大きな改革であったのです。「職能給制度」は、各人の給与は、業務遂行能力を基準とした「職能資格制度」による資格等級によって決まる制度です。実は現在ではこの制度は実施年数も長くなることからいわゆる制度疲労を起こしており、後述する新たな制度に移行しつつあるのですが、当時としては画期的なものだったわけです。少なくとも硬直的なものから能力本位のものに変わり、能力の伸長が処遇に反映されることになったのです。

さて、賃金制度も時代の変遷により変わってまいります。筆者は現在ではこのような経験からその後も人事・賃金制度のあり方に関心を持ち、賃金の専門家集団である「賃金総研」…㈱賃金システム総合研究所、本部広島市…に加盟して研鑽を重ねてまいりました。このような経過を通じて明確に言えることは、賃金とは何かについての正しい理解を得てその上で制度を構築するということです。現実には様々な賃金制度が存在するわけですが、これらは賃金とは何かということについての考え方が様々あり、その違いから多岐に分かれているものといえます。

では今の時代に適合する賃金とはどう考えるのが適切なのでしょうか。賃金は戦後の生活の維持第一の時代には、生活のために必要な額として年齢に対応した生活給として考えられました。これが高度成長期に入ると能力重視の考え方の強まりにより、職能給制度がかなりの普及を見せ、これが約35年続いてきたとされています。その後バブルの崩壊を契機に成果主義に基づく制度が模索され、現在まで続いてきたというのが概況です。参考までにこの流れをまとめた図表3－1を掲げさせてもらっています。これらは全体傾向を述べたものであり、はっきり色分けされるものではなく、また企業・組織によってこの傾向に関係なく、独自の制度を継続しているケースも多くあることは言うまでもありません。

また、いま政府の進めている「働き方改革」が進捗していく結果として、従業員の働き方そのものが多様化し、非正規社員から正社員への転換が進むとみられます。また正社員もその身分資格は「総合職社員」「地域限定社員」「短時間正社員」「在宅勤務社員」など、

【図表３－１】賃金制度の時代区分

時代区分			賃金制度	期間	年数
Ⅰ	明治初期から大正時代		業績給の時代	1867～1925	58
		a 明治前期	技量刺激的等級別能力給	1867～1894	27
		b 明治後期		1894～1911	17
		c 大正期	勤続給的生活賃金	1911～1925	14
Ⅱ	昭和戦前時代		統制給の時代	1925～1945	20
Ⅲ	昭和戦後直後から昭和20年代		生活給の完成	1945～1955	10
Ⅳ	高度成長期からバブル経済まで		職能給の発展	1955～1990	35
Ⅴ	バブル経済後から現在まで		成果主義賃金への転換	1990～2011	21
Ⅵ	将来		仕事基準賃金の強まり	2011～	

資料出所：「経済研究」第145号2012年所載

明治学院大学　笹島秀雄

働き方に応じて細分化されていくことが想定されます。その場合は、その区分に対応した仕事の内容とその評価・処遇の設定が行われてしかるべきですが、そうした場合においても賃金とは何かという基本的な考え方自体は統一したものであるべきです。

さて、現在から将来に向けての考え方ですが、参考として呈示した図表にも「仕事基準賃金の強まり」と記載がありますように、仕事＝賃金　という考え方が主流になると予測されています。実は先にふれました賃金総研における賃金の考え方は、平成10年当時から仕事＝賃金というのが最も適切な考え方だとして、これに基づいた賃金制度を提唱してきています。

賃金というものは、もともと仕事のレベルとその実績、それを果たす際の責任の度合によって賃金レベルが決定され、支払われるのが至極妥当な考え方なのです。欧米では早くからそのようになっています、我が国においては先に述べました社会の状況への対応からいろんな変遷をたどりましたが、ここへきて漸くいわゆるグローバルスタンダードともいえる考え方が容認される状況が出てきたものと思います。この考え方に立脚すれば、賃金は決して仕事そのものとは関係のない年齢や勤続、また発揮されるかどうかわからない能力によって判断されるという合理性のない基準からは明確に脱却することができます。

次には、賃金制度は人の働きへの処遇を行う基準作りであるわけですが、この処遇は前項で述べました評価と密接につながったものであることが要件となります。

(二)　賃金制度の構築

賃金制度をどのように構築するかは会社の人事方針や人事・労務戦略によることとなりますが、一方では賃金とはなにかという基本的な考え方によって決まることがお分かりいただけたものと思います。賃金というのは仕事のレベルとその成果によって決まるという考え方のもとでは、まず仕事のレベルによる資格等級区の設定が必要となり、一般には資格等級制度が活用されています。これを中核として昇給、昇進、昇給等が実施されることとなります。

皆さんの会社ではどんなかたちであれすでに何らかの給与制度が設定されているものと考えますが、これを改革しようとすればかなりの勇気が必要となるでしょう。しかし将来を見据え、従業員にとって明確な説明ができる納得性の高い制度とするには、大きな決断が必要です。その決断のためには、次のことを明確にしておくことです。

①現状の問題点、②改革の目的、③目指す体系と制度のかたち、④担当部署と構築の手順、⑤社内の決裁手続き、⑥社内の理解の浸透（説明会開催など）

しかしこれらの要件をスムースにクリアできる力を持っているところが少ないのも事実

です。そこで考えられるのは、専門家の活用です。人事・賃金制度の専門家と称する人は多く存在しますが、どんな専門家でもよいわけではありません。あくまでも会社の改革の趣旨にあった方向での支援と、実務的な運びにも堪能なところを選択する必要があります。ですから専門家の選択にあたっては事前に情報を集めるなり、既に活用のあった他社の評判を参考にするなりして慎重に決めることです。その上で直接話しをして十分な意思疎通を行い、最終判断を行うことです。

参考までに、筆者が加盟しています賃金総研の場合は、先ほどの賃金とは何かを根底に置き、年功的要素は排し、業務のレベルに対応したできるだけシンプルでわかりやすい体系としています。また制度を移行する場合の必要な原資は、原則ゼロとして最小に抑え、一人ひとりの算定をすべて行い、実務的にもスムースな移行を可能にしています。

(三) 評価の反映

賃金制度において次に考えるべきことは、評価との関係です。評価制度の項で述べましたが、評価の目的の一つは評価の結果を処遇にきちんと反映させることです。わかりやすく表現すれば、「やったらやっただけ報われる」ということです。これを実現するには、評価が的確に反映される仕組みを備えることです。毎年の給与改定や賞与の額の決定に際して、評価結果を合理的に反映させることが必要です。そうでないと従業員からの納得が得られないこととなります。そのような制度の構築は、社内に担当できる適任者を選任して行うか、場合によっては外部の専門家の支援を得ることも検討するのがよいでしょう。

肝心なことは、何をどう評価するかということと、評価の結果を処遇にどのように反映するかの体系をしっかり整えることです。これも他社の事例を参考にはしても、模倣に終わるのでは意味がありませんので、ここは自社の考え方を明確にし、それに沿った体系・制度としていただきたいと思います。

●評価と処遇の結びつきの大切さ

これまでにも触れましたが、評価と処遇の結びつき、つまり適切な評価が行われ、それが処遇に反映されるということはとても大切なことです。一応評価はするけれどそれは給与と殆ど関係していないという企業があることも事実です。しかしそれでは評価が十分に活かされているとは到底いえません。

そこでわかり易い事例を取り上げることによって、この問題を理解していただくことにします。

【事例3～1】評価と処遇の改善

筆者の友人の経験した改善の事例で、友人のM氏がセブンイレブンの社員であった時のことです。この友人は当時セブンイレブンが全国に店舗展開を始めていた初期の段階のころの話しです。M氏は店舗運営の状況が芳しくなかった広島駅近くの某店の店長として赴任し、この店の立て直しを任されました。

この店舗の従業員はパート1名とアルバイト9名でした。アルバイトは女子学生中心で若い年代です。M氏はマーケティング能力に卓越したところがあり、この店舗で値付けを廃止し、商品名と価格を表記した「プライスカード」を活用するといった発明もしました。しかし、店長になった当初は、従業員の扱いには慣れていないということもあり、いろんな問題に直面したわけです。

ある時、従業員が勤務中にレジの中で本の立ち読みをしていましたので注意しました。このことが二度に亘ったので強く注意したところ、彼女が「店長に泣かされた」と他の従業員達に連絡したようです。これがきっかけで全女性従業員から「店長が反省しないなら私たちは全員辞める」という申し出（書面による抗議）があったのです。

そこで従業員一人ひとりと面談をしたところ、行動面での注意内容とはかかわりのない不満、「自分は他の人（Aさん）と同じ仕事をしているのに、時給がAさんよりも低いというのは納得できない」というものが出てきました。当人は自分の仕事と時給の関係に納得していないとわかったわけです。そこで当人とAさんとの仕事の取組みの違い、成果の違いなどを話し、時給の差異の説明としましたが、納得が得られませんでした。また店長はAさんを気に入っているから優遇しているという不満も出ました。客観的にAさんを評価しているつもりが、好き嫌いで評価されているとみられていたのです。

ここで強く認識させられたことは、アルバイトというのは、自分の仕事を店長に認めてもらいたいことと、他の人と比べて時給がどうなのかが最大の関心事だということでした。とすれば考えなくてはならないことは、各人の仕事ぶりと時給額が明確に説明できるものを設定しなくてはならないということになります。

そこでM氏はコンビニの仕事の内容をすべて洗い出し、その作業を求めるレベルを具体的に決め、これを作業の習熟度を見るチェックリストⅠとして活用することとしました。同時に、挨拶やシフトの柔軟性など態度や仕事ぶりを見るチェックリストⅡも併用することとしました。このチェックリストを従業員とM氏が○×を付けたうえで面接を行いました。

こうして各人の仕事習熟度と他の従業員とのレベルの違いが明確になりました。これと時給を対応させることで、時給内容の明確な説明が出来るようになったのです。例えば作業の習熟度を見るチェックリストIの○が改善できて二〇項目になったら時給が三円上がる仕組みを作ったので、従業員は自分のできていない仕事ができれば時給に直結しますから一生懸命に仕事を覚えようとしてモチベーションが上がるのです。店長としたら、今まで曖昧だった誰が何の作業をどのレベルでできるかが明確に把握できるようになり、従業員教育を個人別に計画的に実施することが可能になります。

この考え方とやり方をM氏はセブンイレブンの本部に提案し、それが従業員教育マニュアルとして採用されることとなりました。本部ではチェックリストに修正を加えるといったことはなされましたが、セブンイレブンの従業員評価と処遇のやり方はまさにこのことが契機となって形成されたということができます。

さて、広島駅近くの某店の女性従業員は、全員が辞めるという結果になりました。驚くことに、退職前に時給や処遇についてキチンと説明を行ったことで、ほぼ全員が再募集時に履歴書を持って面接に臨み再雇用されました。採用時は退職時と比べて時給が低くスタートしましたが、3か月後には平均で10%以上昇給しました。この制度を活用するようになってからしっかりと従業員の定着が図られたということです。

この事例からわかることは、従業員は自分の仕事ぶりが適切に評価され、それが納得のいくかたちで給与に反映されることを強く望んでいるということです。勿論、従業員の定着の要因はやりがいや働き易さにもあるわけですが、評価と処遇の問題はいわば経営の基盤となるものであって、これをなおざりには決してできないものだということを理解しておく必要があります。

経営理論の項で、給与は動機づけ要因ではないとの説明をしていますが、それは給与レベルの上げ下げのことであって、経営の根幹をなす評価制度と賃金制度の構築と運用についてはいまの事例のような観点から見つめてみる必要があることがお分かりになることと思います。

六　こうして、目標管理制度を導入しよう

(一)　目標管理制度とは

目標管理というのは、アメリカの経営学者ピーター・ドラッカーが一九五四年に自著において提唱し、日本においても普及をみたものです。この制度は、会社の立てた目標をベースに、各部署とこれに携わる責任者や担当者が各々達成すべき目標を設定し、これにチャレンジすることで会社業績の達成と各員の能力の伸長、達成の喜びによる仕事へのやりがいを持ってもらうというのがこの制度の趣旨となっています。

わが国に入ってきた一九六〇年当時は、その趣旨・目的はよしとされ、一部企業による先進的な取組みもなされましたが、当時はまだ具体的なやり方がわからないこともあって、普及しませんでした。しかしその後これはやはり活用することが大いに有用だとなり、現在では多くの企業や社会福祉法人などで制度の運用が進んでいます。

目標管理で重要なことは、これは全社の目標を下部に押し付けてやらせるものではないということです。全社の目標というのは経営判断としてしかるべき手順により決定されますが、それからあとの進めは上と下の話し合いによる十分な意思疎通のもとに目標自体をお互いに共有することで、担当部署における自発的な取り組みがなされるのがポイントです。

目標を自らの取組み目標とすることで、創意工夫を発揮し、よりよい達成手段や実施手順を検討する、その過程でみなが参画し、各々の力を尽くしていくのが狙いです。要は、仕事は他から与えられたからやるというのではなく、自分の役割責任を自ら果たすということです。そのような取組みで目標の達成に挑戦することにより、業務の遂行はもとより自分の成長が図れるという考え方に大きな価値があるのだという認識を持つことです。

(二) 目標管理制度の構築

目標管理制度をどのように構築するかについては、一つ前提となることがあります。それはいうまでもないことですが、会社が毎期の経営計画を作成できていることです。つまり企業としての経営体制として、マネジメントの実施体制ができていること、具体的には計画（Ｐ）～実施（Ｄ）～評価（Ｃ）～改善（Ａ）のマネジメントサイクルが行われる体制があることです。

当期の計画が立てられていなければ、そもそも目標管理でいう全社の目標が存在しないのですから、目標管理は成り立ちません。しかしそのような場合でも手はあります。これからそのようなことを可能にする体制を整備すればよいのです。いずれにしても先ずはその期の売上目標や利益目標を明確に設定することが必要です。目標管理はその目標の達成に向けて全社員が取り組む体制をつくることが要件となります。そこで先ずは経営における目標管理体制の位置づけを次の図表３－２に示します。

【図表3－2】 目標管理の位置づけ

目標管理は以下に示すように、企業活動のすすめに大きな役割を持っている。

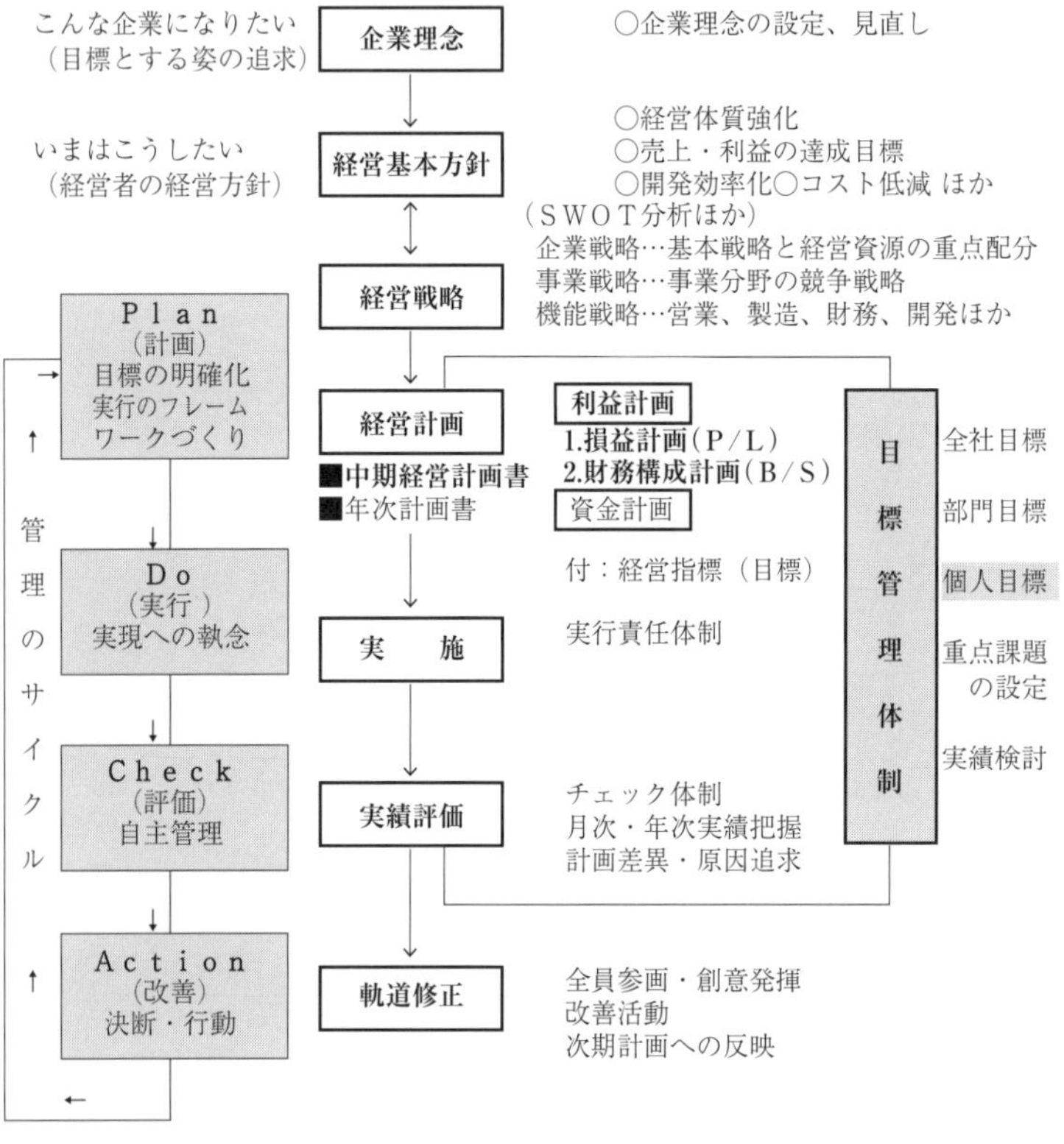

■ 目標管理はマネジメントの仕組みとして重要な位置を占める。

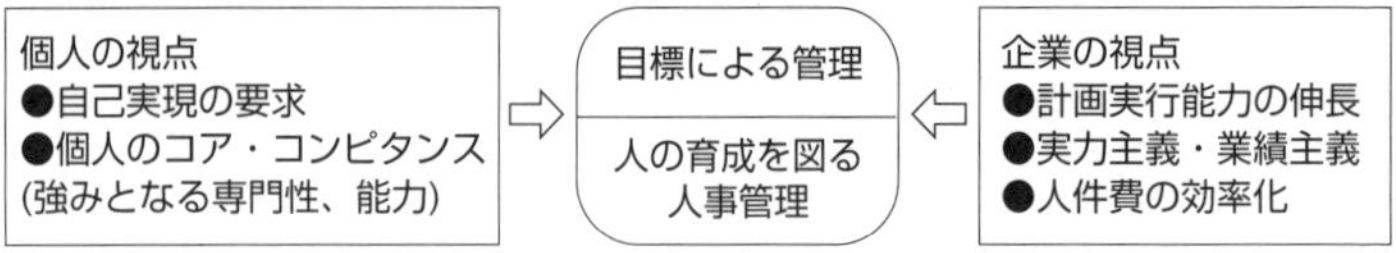

この図では、経営におけるマネジメント、即ちＰＤＣＡのサイクルである経営計画の策定と実施、次いで実績評価とこれに基づく改善活動という流れを表しています。その中で、右側に示している目標管理体制は、このマネジメントサイクルが会社の各担当部署で取り組まれて実行されることを表しています。ですから目標管理制度の実施は、まさに経営活動そのものがこの制度によって行われていることを意味します。

組織の構成員がその役割責任に応じた明確な目標を持ち、その達成にチャレンジしていくというこの体制は、各人の仕事のやり甲斐と達成感により、更に次のより高度な目標へのチャレンジを促します。この実施の過程を通じて能力の伸長や人間的な成長を図ることとなり、間違った運用をしない限り、これが企業としての大きな競争力となります。現にこの制度を愚直に継続して運用実施することで大きな発展をみた企業や社会福祉法人は多く存在しています。

次に肝心の制度構築ですが、簡単にいえば社内の取組み体制の確立ということです。各々の目標を明確に設定し、その目標達成に取り組む人を組織の階層での課長以上とするか係長以上とするかを決めます。導入当初は管理職であることがはっきりしている課長以上とするのが一般的です。先ずはスムースな運用を目指し、次いで取り組む階層の範囲を広げることを考えます。

その取組みの核になるものが目標項目、目標値、達成方法、実施スケジュール、実績などが記入できるフォーマット設定です。このフォーマットは様々な名称で使われていますが代表的なものに「個人別実行計画書」「目標チャレンジシート」が挙げられます。そしてこのフォーマットの名称や内容は各社の考え方により設定されることとなります。何れにしても制度の目的が十分に果たされるよう設計することが望まれます。

次には、目標管理に取り組んだ結果としての実績、目標に対しての達成度の活用を明確にすることです。通常はこの結果は部門や個人の業績評価に反映させ、それが処遇にも反映することとなります。ですから目標設定の段階から、その結果の取り扱いについてキチンとしたルールを決めて運用することが必要です。制度構築の要件をまとめますと次のようになります。

- 全社経営計画の設定…大前提
- 制度実施対象の決定
- 使用フォーマットの設定…名称、内容項目
- 制度の運用ルール設定…実績評価と処遇の連動を含む

㈢　制度の活用と課題

制度の活用に当たって留意しなくてはならない事項の中で重要なものを述べておきます。

【目標設定の仕方】

目標というのは、売上高や営業利益のように、金額で表されるものはこれを数値目標として掲げることが可能で、これは一般に行われています。ところが直接に数値で表しにくい目標が多くあります。これを何らかの工夫によってできるだけ数値化することがポイントとなります。例えば会議の効率化を掲げる場合、会議の開催回数を掛ける所用時間、つまり会議の延べ開催時間の目標をつくり、その実績を把握していくというやり方が効果的な目標設定といえます。間接部門においての様々な目標はどちらかといえば抽象的なものになりがちですが、そのままですと達成度の把握が曖昧になってしまいます。これを避ける意味でもこうした数値化の工夫が必要となります。

ここで一般にいわれています目標の良否の確認指標を紹介しておきます。それは次の図表３－３に掲げます「ＳＭＡＲＴ…スマート」な目標といわれるものです。立てられた目標が、この確認指標に合致しているかどうかをチェックすることで、よりよい目標の設定につなぐことができます。最初のうちは目標設定の段階で悩むことも多いのですが筆者の

【図表3－3】　目標設定のポイント

1．Specific	…	具体的指標
2．Measurable	…	測定可能
3．Achievable	…	達成可能
4．Relevant	…	関連妥当性
5．Timing	…	タイミング

経験からも、これに慣れることで上達するのは間違いのないところです。

【実績評価】

目標に対する実績の把握と達成度がどうであったかについて問題となるのは先ずはその公平性です。一般に問題が生ずるのは、実績が正しく把握された場合においてもその達成度が必ずしも公平にならないということです。達成度の算定は正しくなされなくてはならないのは当然ですが、問題は目標自体の軽重です。

本人の役割責任において設定された目標が妥当なものであれば問題はありませんが、レベルが低く、達成しやすいものであれば、その達成度は額面通り評価するのは問題です。また逆にレベルが期待された役割に対して高いものであった場合、達成への困難度は高くなります。したがってこの両者とも評価を修正する必要があります。この修正は一般に実績数値に目標レベルが低い場合０・９、目標レベルが高い場合

1・1といった係数を掛けることによって調整を行います。このように配慮することで公平性を確保することが重要です。

【処遇との連動】

目標管理においての実績である達成度は、人事評価における成績評価に直結します。これを成績評価そのものとするかその一部とするかは企業によって異なるところですが、大事なことは評価の結果を給与に適切に反映させることです。「やったらやっただけ報われる」ということが一定のルールのもとに実行されなくては有名無実となってしまいます。そこは先に賃金制度の項でも述べていますので今一度参照いただければと思います。

七　こうして、人材育成システムを構築しよう

前項まで人を活かすための仕組みについて個別に述べてきましたが、今まさに人をいかに育てるかが問われる時代にあってその中心課題は組織としての「人材育成」の仕組みづくりです。これは会社・組織としての人事・労務戦略の中心課題であることは間違いのないところです。

ではこれについて企業の取組みはどうかといいますと、頭で理解されているほどにはその取組みはまだまだ序の口の状態だといえます。その最大の原因は、そもそも経営者、そ

して管理者の役割とは何かということが本気で意識されてこなかったことがあります。日常業務に追われている状況では、こうした本来的な課題に思いを巡らすことは少ないといわざるを得ません。人材育成が経営者の役割であるのは当然のこととして、問題は直接部下を把握し、業務を遂行する立場にある管理者にあります。

管理者の役割というのは、会社の目標達成のために計画された売上高やコストの目標値の実現を図るマネジメントにより適切なプロセス管理を行うものだと理解されています。これは当然のことですが、このほかに重要な役割があるということが明確には認識されていないのが実態です。

管理者の役割は何かということについては「管理者の三大任務」という言葉があり、これは管理者研修などでもよく取り上げられているものです。その内容は識者によって内容、表現が異なっていますが、筆者は1・計画・管理　2・育成・指導　3・改善・改革という表現がわかり易いと考えています。何れにしましてもこの任務のうち、「育成・指導」で表記しています部下の育成がおろそかになっていることが問題です。まずは業績の確保に対する思いがどうしても先行し、部下の育成まで手が回らないわけですが、このほかにも部下の育成ができない理由が多くあります。

・自分でやった方が早い

・危なっかしくて任せられない
・仕事の納期に間に合わない
・部下にやる気がない
・自分が具体的な作業をやっていないと落ち着かない
・教えている余裕がない　などです。

ではどうしたら管理者の意識を変えることができるのでしょうか。これはいろいろ考えられますが、有力な手段として「部下育成」を人事評価のなかで一時的にでも評価ウエイトを高め、方向性を強く示すことが挙げられます。かつてトヨタ自動車の宮田工場（福岡県宮若市）において監督者クラスの多くがいわゆる職人化するという状態に立ち至ったことがあります。自分が身に付けたものを部下に教えることで自分が不利になることは避けたいといった誤った観念がこれと意識するしないにかかわらず蔓延したのです。管理・監督者の重要な役割としての部下、後進の指導・育成ということが意識の中から消えていったともいえます。会社としてはこれを是正するために、これからは「部下を如何に指導・育成したかをあなたの業績の80％として評価する」としました。こうなりますと現場の監督者としてはさすがにこのことを避けて通るわけにはゆきません。この評価が実施されてからというもの、監督者としての役割の認識は是正され、事態が急速に改善されたという事例があります。

しかし、これからの企業や組織としての基本的な人事戦略としては、人材育成を人事システムの一環として取り入れることにより、会社自体の取組みを明確にすることです。つまり「**人事とは人の成長をはかること**」といった理念により、これを具体的な仕組みとして構築することです。それはこれまでの各項で述べてきました人事評価制度・賃金制度・目標管理制度・人材育成計画等を総合的に捉え、評価・処遇・育成の三位一体化を具体化するということになります。

こういった体制を一挙に構築することは困難です。可能なものから着手し、一つずつ積上げていくといった地道な取り組みが必要となります。

【図表３－４】 人材育成システムの構築（事例）

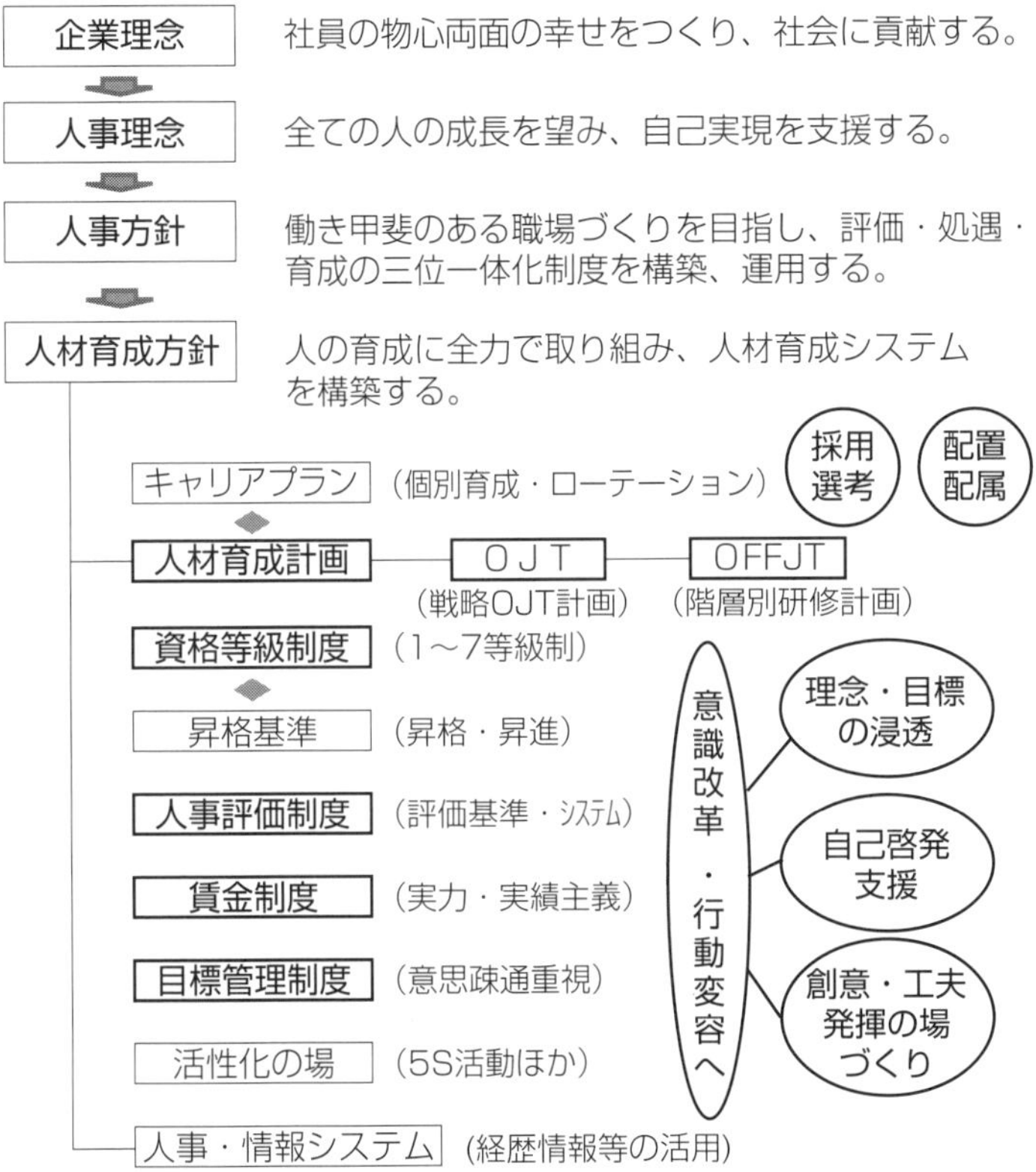

注）一挙にやるのは困難。企業理念からスタートし、着実に構築を進める。

第4章　経営事例から学ぶ人の活かし方、採用の工夫

一　人を活かす経営への転換に学ぶ（事例）

ここで人を活かす経営を志向して経営を刷新し、見事に新たな経営の姿をつくり上げた事例を紹介します。よく「事実が一番強い」といったことがいわれますが、まさに一つの事例が百の理論にまさるということを実感します。ここで取り上げた事例から私達は人材活用の本質を理解することができ、またいろんなヒントを得ることができます。このような事例をしっかり吟味していただき、大いに役立てていただきたいと思います。

【事例4～1】従業員一斉退職を契機に意識改革

この会社は二〇一一年に日本経営品質賞を受賞した「株式会社ねぎしフードサービス」（根岸榮治社長）です。根岸社長は一九七〇年に仙台市において多業態の飲食店を展開、一九八一年には「牛たん　とろろ　麦めし　ねぎし1号店」を新宿に出店、平成27年9月

現在、東京都と神奈川県に34店舗を展開しています。

ここにいたるまでに根岸社長に大きな経営姿勢の変革を迫る出来事がありました。仙台市での店舗経営（従業員7～8人規模）の途上で、ある日店に出たところ、従業員が誰一人出勤してこなかったという事態が起こったのです。のちに判明したのは、みんなが根岸社長の店をやめ、他の経営者の店に鞍替えしたことでした。それから1か月くらい根岸社長の眠れない日が続きました。そしてその苦悩のなかで、それまでの経営のあり方を振り返らざるを得なかったのです。

その結果、経営のあり方として自分が従業員を経営のコマ、道具だという感覚で接してきたこと…これを強く反省させられたのです。自分が雇用しているのだから、従業員は当然に自分の指示に忠実に従うべきだとの思いでやってきて、従業員の立場でものを考えたことがなかったのは大きな間違いだったという結論に達したのです。

そこで改めて経営のあり方を考え、強い決意を持って出直しを図りました。まずは経営のあり方について100年続く事業の構築を果たすということでした。その骨子は「**経営とは人を活かすこと**」と定義する中で、決して規模の拡大を目的とするのでなく、従業員の生きがい、働き甲斐をつくることを第一の目的としました。そのために企業としての理念を「親切」とし、これに磨きをかけていってお客様に心から喜んでもらえる店にする、自分が全部指示するのでなく、この理念に沿った店の運営はその店の店長の自主性に任せるといった方向に転換したのです。

その結果として新宿歌舞伎町に開店した1号店は見事に成功しました。現在ではこの成功体験を踏まえ、各地に展開した各店の店長の総意による「**やりがいと成果を生み出す仕組み**」が多く生み出されています。この状況を根岸社長は「従業員の人生は仕事を通じて各々が自分でつくるもの」であり、そのためにこそ経営がある、経営規模も単に店舗数を伸ばすのではなく、各店の状況が自分の目の届く範囲にすべきだとの考えにより、全店直営方式で経営されています。

●日本経営品質賞への挑戦

当社の理念である「親切」を支える「ねぎしの五大商品」というのがあります。それはQSCHAで表されるもので・Q～品質・S～サービス・C～清潔（クレリネス）・H～ホスピタリティ・A～アトモスフィア　がその内容で、いわば飲食店に必要な本質的な内容だといえるものでこの充実に全店で努力がなされています。

一方、日本経営品質賞というのは経済産業省が一定の基準をみたした企業を表彰するもので、受賞企業は経済界や一般社会から大きな評価を受けることとなります。その基準要件は四つで、①顧客本位　②社員重視　③独自能力　④社会との調和となっています。当社ではこの賞の存在を知ったときに、当社の五大商品がある程度この受賞要件に合致するところがあるということになり、これに挑戦することとなりました。

しかしやってみるとこれは大変なことでした。第一、実績の経年変化というものを数字で捉え、記述する必要があるのです。当社ではこういったデータを取っていなかったので、そこから始めなくてはなりませんでした。3年間を要することでしたが、辛抱強く対応し、二〇〇九年に申請に漕ぎつけました。その結果、本賞受賞にはいたりませんでしたが、丁度新設された奨励賞に該当してこれからの是正点などのアドバイスを受け、さらに努力を重ねて遂に二〇一一年に本賞受賞に輝いたのです。

ここで強調させていただきたいのは、一つの挑戦機会を大きな勉強の機会として経営の強化に役立てていくという姿勢です。このような過程の中でこれに取り組む人たちの成長が図られることになりますし、この結果をみなが共有できます。そしてさらに取組みに磨きをかけていく動機づけにもなっていると思われます。

なお、さらに知っておいていただきたいのは、当社におけるアンケートの活用です。これは顧客アンケートと従業員アンケートの両者があり、顧客満足度の向上と従業員満足度の向上に大いに役立っています。顧客満足度は、各店舗の評価において、売上げ・利益による評価軸と対をなす評価軸として取り入れられ、これも立地条件とは別次元の評価として従業員のやる気につながっています。

ちなみに従業員満足度の方は当初の65％が85％にまで達しているとのことです。考えてみますと、アンケートというのは顧客のあるいは従業員の当事者としての思いが率直に表されており、恣意的な判断ではないことから説得力があり、その結果を真摯に受け止めることが可能です。

さて、この事例からわかることは、経営者は様々な経験を経て成長していくわけですが、その過程で必ず一つの転機が訪れるものだということです。この転機となる事柄を活かすも活かさないも経営者次第ということです。この事例のように、従業員が誰ひとりとして出勤してこなかったというショッキングな事件をとことん振り返り、自分の「変わり目」として活かすことができたのも、経営者が持たれている一つの感性の賜物と解することができます。

このケースだけでなく、成功している経営者は最初から一本道で成功街道を歩んでいるわけではありません。筆者が見聞しているほとんどのケースで、経営者はその人生の中で人生観を変えなくてはならないような出来事に遭遇されています。その時にその出来事に真摯に向き合い、そこから普通の状態では得られない一つの真実を体得してこれを活かし、経営の軌道を大胆に変えていったというのが大半です。このように見てきますと、どんな経験もムダなものは一つもないのだというのが筆者の実感するところです。

【事例4〜2】自社の特長を活かした人材育成

次の事例は前例と同じく飲食業の「株式会社ワン・ダイニング」（大阪市西区、高橋淳社長）です。当社は焼肉食べ放題である「ワンカルビ」71店舗のほか「あぶりや」10店舗など総計112店舗（二〇一六年8月現在）を全国展開し、成長している企業です。

当社はもともと総合食肉店ダイリキ（一九六五年創業）が牛肉の輸入自由化に対応して営業していたなかで一九七二年（昭和47年）に会社として設立されました。そして一九九八年に郊外型低価格焼肉レストラン一号店ワンカルビをスタートさせたものです。

その後二〇〇一年から二〇〇三年にかけてのBSE（狂牛病）発生の影響で大打撃を受けたことを契機に経営を抜本的に見直すこととなりました。会社分割により、（株）ワン・ダイニングを設立し、店の業態を「焼肉食べ放題」としました。これが焼肉店のいわば再スタートとなるわけですが、その時点でこれまでの事業のあり方を徹底的に見直し、クォリティの高い業態の実現を目指した新たな方向性を設定したことが今日の発展のもととなりました。

●事業のあり方の検討

・原点回帰…肉の自店内カット…ダイリキの時代は、肉はすべて自店でカットしていたが人手不足もあったことからこれを外注化していた。このことは自社が直接手掛けて吟味していくというよい特長を放棄していたことであり、鮮度の良い肉の提供の観点からもすべて自店内カットに戻す。調理はすべて自店内で行い、セントラルキッチンは持たない。勿論そうするためには肉のカットのほか必要なノウ・ハウを主体とする技能を持つ人材の育成が欠かせないこととなる。

・顧客の信頼獲得…食べ放題の業態はいわばテーブルオーダーバイキングであり、お客様との接点が多いこととスピーディな対応が重要な要素となる。お客様との接点を持つオンステージにおいては、あえて非効率な経営とする。その反面厨房内ほかのオフステージにおいては徹底した効率化を目指す。

・人材の確保・育成…当社の人員構成は6、025名で、正社員が388名、アルバイト社員が5、637名（二〇一六年8月）であり、アルバイト社員は年間で3、000名もの採用が必要となっている。それはアルバイト社員の在勤期間が1・5年と短く、退職者が年2、500名にも達するからである。したがって人の採用には並々ならぬ工夫がなされているが、その最たるものは二〇一三年から始めた「**紹介制度**」である。この紹介制度は、既存の大学生・高校生のアルバイト社員が自分の意思で友人・知人に当社で働くことを勧誘するもので、毎年千数百人もの実績があがっている。

こうしたことができるのは「**忙しいけど仕事が面白い**」「**やりがいがあり、人間としても成長できる**」といった自らの体験に基づいた話ができるということが前提にあります。

会社としてもこれを踏まえ、職場のあり方として、①店舗の風土がよいこと、②人間関係がよいことの二つを絶対要件として掲げています。そしてまたこのような条件が満たされていることがこのような採用の実績をつくっているものといえます。

次に当社の掲げる理念とその浸透のあり方をみてみましょう。

「ワン・ダイニングの経営理念」

価値ある経営

お客様への約束

よりよい料理とおもてなしで、お客様に愛され、必要とされる価値あるワン・ダイニングであり続けます。

従業員への約束

自己を高め成果を発揮できる場にし、共に働く人々に必要とされる価値あるワン・ダイニングであり続けます。

社会への約束
時代の新たな変化に対応し、いつも社会から必要とされる価値あるワン・ダイニングであり続けます。

そしてこの理念を実現するための「行動基準」と毎朝礼で唱和する「スピリッツ」が次のように設定されています。この二つが本書で既に述べた理念に続く行動指針をなしていると考えることができます。

「行動基準」
基本の徹底と変化への対応

「スピリッツ」
・「大切な人に自慢できる店かどうか」をすべてのものさしとします。
・挑戦する自分であり続け、挑戦する仲間であり続けます。
・お客様の「おいしかったよ。またくるね」のために考え、行動します。
・妥協をしません。小さな妥協が大きな妥協につながることを知っています。
・私たちの仕事場は、いつも「ありがとう」が溢れています。
・スピードを重視します。スピードはお客様の満足につながります。

・お客様に楽しんでいただくために、私たちが楽しんで働きます。

●知恵と工夫による全員参画の仕組みづくり

①　店舗ミーティング（月1回）…各店舗において設定されているアルバイトリーダーが主導する会合において協議がなされ、店舗の各面の活動についてその決定プロセスを参加者が共有できる仕組みである。以前は正社員である店長がトップとして会合をリードしていた。しかし店舗は正社員3名に対しアルバイト社員は50名から70名と圧倒的に人員が多い。そこでアルバイト社員の中から1年の研修を経て任命されたアルバイトリーダーが主導するかたちに移行し、相互の意思疎通の円滑化とチームとしての一体感が形成されるようになった。

②　気づきプログラムの設定と活用…アルバイト社員が日々の勤務において気付いたことを手書きメモとして提出する。一勤務について一枚以上が原則とされ、これがサービス向上の重要なポイントとされている。各店舗においてはこれを貼りだすことにより、コミュニケーションの推進ともなり、また全店で13，000枚に達する気づきメモについてベスト・オブ・マンスが決定され、社内報にこれが掲載されることで全員が共有でき、一層の業務改善が図られる。この仕組みは個人と会社の成長にとって大きな役割を

果たしている。

③　技術研修プログラム…先に述べました肉の店内カットを中心とする技術の習得を継続するため、習得の状況を専門職が店舗巡回してチェックするとともに、技術検定試験を年2回行っている。対象はブロック長、店長、正社員であり、店舗ごとの調理の完結を目指す当社のキーポイントともなっている。

④　人事評価制度…人事評価は半年に一度実施され、その評価を処遇に連動させている。すなわち、評価による点数が時給のアップに直結する仕組みである。店長は各個人の働きと成長に責任を持つところから、個人面談を実施する体制が確立された。

⑤　労働環境改善…当初は長時間労働による退職といったことも発生しており、このことの反省から労働環境の改善に乗り出している。即ち、週休2日制を推進することとし、必要に応じて人員を増強した。また時間外労働は1分単位にするといった思い切ったやり方をとっている。

⑥　リスクマネジメント…当社では年に2回のグランドメニュー改定を行っている。これは焼肉店としてはなかなか難しいことではあるが、マンネリ化を排し、顧客の新しいものへの要望に応える目的で行っている。このことは当然に食材の変更と仕入れ先との折衝、コスト面の変動などリスクを伴う。当社では対応してリスクマネジメント委員会を

設定し、全体のリスクを把握して対策をとるといった体制を構築している。

⑦　満足度調査…二〇一〇年より顧客と社員の両面での満足度調査を実施し、その結果を業務改善に反映させている。

⑧　店舗計画書…経営管理面では社員の研修に注力し、ＰＤＣＡ（プラン・ドゥー・チェック・アクション）のサイクルを回すことが基本として学ばせている。このことを実践するため、各店長は年に1回「店舗計画書」を作成し、当該店舗のビジョン、ミッション、行動計画を策定することとしている。

以上多くの仕組みを見てきましたが、これらは何れも「価値ある経営」の理念実現を具体化するものです。そして当社も先に述べたねぎしフードサービスと同様、日本経営品質賞に挑戦し、これを受賞していることが注目点として挙げられます。

筆者も近隣のワンカルビ八幡桃園公園前店（北九州市八幡西区）を顧客として訪れ、その際に店の状況、応対の状況をつぶさに観察するとともに、店長とも面談することができました。その結果、店長の店の運営責任者としての意気込みを感じ取ることができたことと、顧客対応の素晴らしさを実感するとともに、そこに働く従業員が生き生きとかつスピーディに動くのは勿論、顧客との接点を大事にしている有様がよくわかりました。

一例ですがサラダを注文したところ、台車にサラダの食材をボールに入れたものを載せて席まで運び、そこで顧客の好みのドレッシングと混ぜ合わせ、それこそ出来立てのものを皿に盛りつけて提供するといったことも実行されています。なお、気づきメモについては一勤務一メモを基準に従業員から提出されており、店の運営に大いに活かされているとのことでした。

最後に当社の活動のあり方、特に従業員の活発な業務活動の利点として、ここで活動して身に付けたことが、アルバイトを経て本格就業した場合、その経験が大いに役立つということです。また当社の場合ここで働きたいという希望者が多く、正社員の採用も約６割がアルバイトからの応募によるものということです。これはまさにここでのアルバイト就業が単に稼ぐためのものを超えて、人の育成、成長に大きく役立っていることを物語っています。

【事例4~3】人を大切にすることを基本に企業再生を果たす

次には「人をとことん大切にする会社」として10年以上離職率ゼロをほぼ達成している会社の事例です。

株式会社日本レーザー　東京都新宿区　近藤宜之社長　設立一九六八年　58名

当社はレーザーの輸入商社として年商40億円を上げ、現在23期黒字継続にて無借金経営を実現している会社です。当初債務超過状態で危機的な状況にあった会社を近藤社長の卓

越した経営によって見事に立ち直らせ、今日の発展をみました。

二〇一一年、第一回「日本で一番大切にしたい会社大賞・中小企業庁長官賞受賞」をはじめ二〇一七年の「ホワイト企業大賞」大賞受賞に至るまでにも数々の受賞を得ているユニークな企業であり、私どもにとっては多くの学ぶべき点を有しています。

そこで危殆に瀕した業績を回復させ、かつ社員全員がやりがいを持って仕事に打ち込んでいる強い体質の企業を造り上げた要因をまとめて紹介します。

①　社長が自らの生き方を変えたこと

日本電子の役員であった近藤氏が子会社であった日本レーザーの立て直しを委嘱されたときに覚悟を決めたことは、これまで何人もの人が再建を果たせなかったこの会社の経営を健全化するには、強い気持ちで大きな変革を成し遂げるということでした。そのために次のようなことを実行したのです。

・「得か損か」でなく、「正しいかどうか」を判断の基準とする。一般には物事の可否を判断するときには、自分にとって、あるいは自社にとって得になるのかどうかを基準にしている。そのことを十分に考えたときに自分が納得できるのはそれが正しいことなのかどうかであって、損得ではない。
・この会社に骨を埋める覚悟で、親会社の役員を辞退し、この会社に専念する姿勢を全社員に示した。

・親会社から株式を譲渡してもらう際、本来なら債務超過の会社として低価格が妥当なものを額面価格で譲り受けた。

②会社の目的を明確にしたこと。あるべき会社の姿を「**どんなことでも自由に言える会社**」「**社員が会社から関心を持たれ、大事にされていると実感できる会社**」としてその具体的な内容をクレド（信条）として示し、その末端までの浸透に努めました。このクレドは「会社のありかた」「社長のあり方」「仕事のあり方」が示され、抽象的な理念ではなく、業務の実践に直結するものとなっています。これを会議などの際に皆で唱和（英文化したもの）し、共有と浸透を図っています。

③人事・賃金制度を刷新したこと。これまで親会社の製造業にみられる社員を均一的に扱う傾向の強い就業規則が適用されてきたものを改め、一人ひとりの能力と実力を重視する制度へと変更しました。このため評価も年功的要素を排し、能力と業績への貢献度、そしてクレドの実践レベルを軸に行われています。その結果、女性社員も当然実力によって評価され、管理職への登用も進んでいますし、子育てとの両立もできるよう配慮がなされています。

以上を通じてわかりますのは、本当の意味で社員を大切にするということは、よほど徹底しないと実現したとは言えないということです。一般に「社員を大切にしています」と言っている経営者は、どうしても上からの発想になっており、現場の実態は違っていることが多いのです。近藤社長は社員の側が「**自分は会社から大切にされていると実感している**」という状態にすることだと強調されています。このように当社の経営からは学ぶべきことが沢山あると考えます。

二　挑戦する姿勢に学ぶ（事例）

人の活用・育成を図るために目標を掲げ、これに挑戦する企業の事例は多々ありますが、ここでは筆者の会社勤務時代の経験も含め、参考に供したいと思います。

【事例４～４】目標価値の浸透で部下が成長

この事例は筆者が勤めた会社、大石産業（株）（福岡県北九州市、一九四七年設立、福岡証券取引所上場、年商１７０億円、３３９名、産業包装資材の製造販売…バルプモウルド、段ボール、大型クラフト紙袋、樹脂袋、樹脂フィルム）での経験です。

時代は遡りますが、平成４年当時、筆者は熊本県山鹿市にある段ボール加工の関係子会社に出向を命ぜられ、会社の敷地内にある単身寮に入りました。この会社では当初は社長に次ぐ責任者としての役割（1年後に社長）を受け持ち、主として製造面の管理を行うこととなりました。社員は20名に満たない小規模な事業所です。

当時筆者はムダのないものづくりを志向してつくられたトヨタ生産方式（JIT）を勉強中でもあり、この工場の製造現場を大きく改革しなくてはならないとの思いを強くしていました。工場は製品、仕掛品が置き場がないほど溢れ、ムダな運搬も多く見られる状況でした。第一、受注生産であるのに「まとめてつくれば手間が省ける」という固定観念から受注数量が500ケースと小さい場合でもまとめて1、000ケースつくるといった状況でした。

またメインの工程は段ボールシートを本工場（直方市）から受入れ、印刷（プリンター）を行い、製函（グルアー）して梱包するという3工程しかないのですが、第1工程である印刷機（プリンター）のスピードが製函機（グルアー）よりも速いため、この工程間に仕掛品が多く滞留するといった有様でした。こうなるとムダな運搬が多くなります。

このような状況は一日も早く改善する必要があります。そこで勤務後に単身寮のわびしい一室で毎夜この工場の改革に向けての「製造革新計画」に取り組んでいたわけです。その骨子は「5S活動の推進」「工程の一元化改善」「在庫管理方式の構築」などです。何れの課題も簡単には進みそうもないものばかりです。

さて、単身寮の隣室には同時期に同じく本社より出向してきたY君がいました。ある晩このY君が「部長、毎晩何しているんですか」といって私の部屋を訪ねてきました。壁の薄い隣室ですから、雰囲気で状況がわかるんですね。そこで工場の改革計画について縷々説明しました。するとY君の目が輝き出し、「それは面白いですね。是非やりましょう」と言ってくれたのです。

それからというもの、Y君の改革目標への理解とその真摯な取組みにより、改革の思想が徐々に会社全員に浸透して行き、工場の改革は5S活動のスタートを皮切りに大きく進むこととなりました。印刷・製函の工程を同期化することによる仕掛品の大幅減少による運搬のムダ解消、在庫全般の大幅な減少など、1年少しで見違えるような姿が実現できたのです。

また社員についても意識改革と生産性の向上、残業の減少など成果がありましたが、何といってもチームとしての力が格段に大きくなったことが最大の収穫です。一方で環境風土が変わるなかで、このような活動になじまない社員が辞めていったということがありました。こういったことは他企業にも見られることですが、これは決して悪いことではなく、例えていえば濁った水が澄んでくるといった結果をもたらしました。

このような状況を経て深く認識させられたことは、目標の実現に対するパートナーの重要性です。単独でやるのと、同志をつくって一緒にやるのとはその進捗に大きな差がでることとなります。もう一つは、Y君が自分の価値ある目標をもつことで、それがY君の人生をも変えることとなったのです。この子会社の成功により、筆者も事業部長として会社の段ボール部門を担当することとなり、Y君は後に本工場の工場長を務めることとなったのです。勿論本工場も規模の大きさの違いから改革を進めることのメリットは格段に大きく、その状況は大きく変わり、低迷していた収益性の改善に多大の貢献ができました。そしてこの経験により、何よりも貴重だったことは、「価値ある目標は人を変えるものだ」ということを学んだことです。

【事例4〜5】障がい者の特性を活かした職場の構築

この事例は比較的よく知られているものですが、障がい者の雇用と育成に大きな成果を挙げられた日本理化学工業株式会社（東京都大田区、大山泰弘会長）です。当社はチョークの製造会社として昭和12年に設立され、長い歴史をもっており、製品もダストレスチョークなど安心安全なものを開発し、良い業績を続けていることで知られます。

当社の知名度を高めたものはなんと言っても障がい者を多く雇用し、育成と活用を行っていることです。一九六〇年（昭和57年）に、当時の社長大山泰弘氏は近隣のお寺の住職から養護学校卒業の障がいのある2名（女性）の雇用依頼を受けました。これまでそのような人の雇用の経験もなく、当初はこれを受けることができませんでした。しかし、あまりにも熱心な説得が功を奏したというべきか、とうとうその依頼を受け、採用することとなったのです。

それからというもの、知的障がい者であるこの二人の業務の設定に苦労しながらも最終的には生産工程においてキチンとその役割を果たすことができるまでになりました。障がい者の身になって、何が出来ているかを考えてみますと、交差点の信号をちゃんと判断していて、他人の手を借りることなく通勤できているのです。そこでいまある能力を活かすことを考えました。このことから工程の作業の進め方として、色を活用し、青の時は前に進める、赤の時は止める、黄色の時はよく確認してみて青になるのを待つなど、工夫を重ねて仕事が支障なく出来るようにしたわけです。

このような経験を積み上げ、現在では全体の70％以上に当たる81名中60名が知的障がいのある社員となっています（平成28年6月現在）。今では、持てる能力をより高めていけるように、作業方法や工具等の改善を工夫し、適合する環境づくりに努めておられます。

ここで注目したいのは、当初、障がい者の採用を要請した住職の方が、当時の大山社長に「人の幸せとは何か」について語られたその内容です。これがその後の大山社長の理念・信条となって経営を支える基盤ともなったのです。その内容は「働く幸せの像」として造られた碑に刻まれています。

●碑に刻まれた言葉

「導師は人間の究極の幸せは
人に愛されること、
人にほめられること、
人の役に立つこと、
人から必要とされること、
の四つと言われました。
働くことによって愛以外の三つの幸せは得られるのだ。
私はその愛までも得られると思う。（会長　大山康弘）」

【事例4～6】夢のある技術目標の設定・修得で独創力を醸成

会社のあり方の探求と社員の存在価値の両面から挑戦を続けて大きな成果を挙げた東洋

ステンレス研磨工業株式会社　福岡県大宰府市　門谷豊社長　の事例です。

当社は一九六八年（昭和43年）に設立されたことから、金属（ステンレス）の研磨の分野では業歴も長く、この間多くの経験を積んできました。その一方で下請け的な「研磨屋さん」といった地位から何とか脱却できないものかを模索してきた経緯があります。どうすれば「研磨屋さん」でなく、独自の存在価値を持つ企業になれるか、懸命にその道を探求してきました。そうした経過の中で一つの契機が訪れました。たまたま福岡県中小企業団体中央会の人からの支援を得られたことがその発端です。

まずは経営理念を明確にし、併せて人材育成に注力することを勧められ、ＮＬＧｐｒｏｊｅｋｔ（ＮＥＷＬＥＲＤＥＲ　ＧＲＯＷＩＮＧ　ＵＰ）をスタートしました。このような人材育成を目指す方針とその実現への活動に力を注いだ結果、従業員はそれまでの一技能者としての意識ではなく「自分達の技術を守る、育てる、使いこなす」という仕事の自覚と責任に目覚めることとなり、その体得を目指す新たなリーダーが育ってきました。そしてやがて自分達の創意工夫で造りだす独自の商品が欲しいという願望までが生まれてきました。

次いで中小企業基盤整備機構九州支部のアドバイザーＮ氏の指導による特許の重要性、知財の権利活用の学びから「金属化粧師」の商標登録を行うなど、事業のあり方もこれまでにない新たな方向へと向かうこととなったのです。それ以降も次々に新たな扉を開くことで、いまではステンレス・チタンの複合研磨技術において、金属に新しい価値を与える、世界で独自の存在価値を持つ企業となっています。

さて、当社の人材育成は「仕事への自信と誇り」をもってもらい、かつてのきつい、汚いなどのイメージを一新し、一定のレベルに達した社員に「**金属化粧師**」の称号を与えることとしました。「他に誇れる商品を提供することが仕事だ」といった意識のもとに夫々の創意を発揮してもらい、仕事に取り組むといったように組織風土は大きく変わることとなりました。

人材育成のかなめとして二つの対策が見られます。その一つは「**人材育成ノート**」の制定と活用です。これは新人を2~3年を経た先輩社員が指導・支援するやり方で、新人から仕事における質問や疑問点を短文でこのノートに記入して、担当の先輩に毎週渡します。新人指導の先輩はこれに対して回答したり、支援となる事項を記入して本人に返します。これを半年間続けることにより、お互いのコミュニケーションが円滑に行われ育成に大きな力を発揮しています。これは会社の中での職種を問わず、すべての部署の新人を対象に行われています。

いま一つは「**さん付け運動**」です。当社もかつては上司の立場で部下に対して厳しくものを言い、部下が辞めてしまうといった事態が発生していました。上司に悪気はなく、熱心さを反映した言動とも言えるものですが、会社としてはこれを冷静に振り返り、上司は部下をさん付けで呼ぶこととしたのです。これにより職場の雰囲気は大幅に改善され、離職の回避にもつながっています。

このような経過を見ますと、当社は公的機関などからの支援を上手に活用し、基本となる活動に創意を加え、自分のものとしていったことがわかります。常日頃の向上心と素直な気持ちがこのような成果につながっているのです。こうした人材育成の努力の結果として、各々が自信と誇りを持って創意を存分に発揮し、ステンレス、アルミ、チタン等を○・○○１㎜単位の表面研磨制御で加工する有数の研磨技術で世界の三指に入るといわれる高度な技術レベルを獲得することとなったのです。

「経営理念」

存在価値のある会社

お客様に満足される新しい機能を創造し

存在価値ある会社として認められる。

社員の個性を尊重し、社会や自然との調和に努めます。

「行動基準」

1　高度な技術サービスでお客様に喜んでいただこう。

2　最高の品質とサービスをお客様に提供しよう。

3　安全を全てに優先しよう。

4　常にチャレンジ精神を持って行動しよう。

「品質方針」

金属化粧師として誇れる商品を提供します。

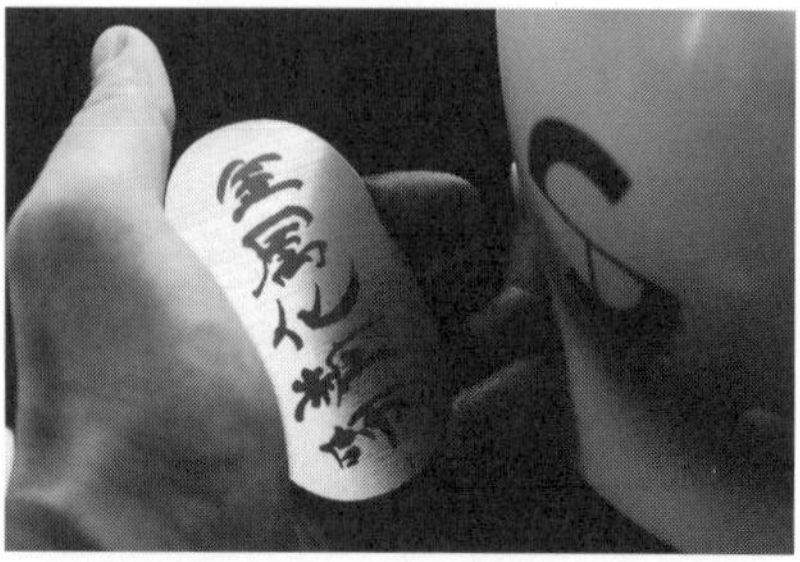

【事例４～７】企業理念を真に活かす取組みで顧客・社会貢献へ

同じく会社の企業理念を根底に社員の成長に挑戦している総合保険会社の事例です。

株式会社ヒューマン＆アソシエイツ…福岡市中央区　生島秀一社長　設立一九九三年

この会社は保険会社勤務経験５年を経て独立を果たした生島社長が、保険の規制緩和の流れを活かし、生保・損保30社との契約によって真に顧客にとって役立つ総合保険会社として活動されているものです。

生島社長に伺いますと、独立後社員を抱えるようになって給料を払った後は何も残らないといった状況が続き、資金的にも大変な思いをした、そういう中で会社の経営は何を基盤にしたらよいか、模索を続けたそうです。それを求めるために書籍購読はもとより、外部の各面のセミナーに参加し、その過程で「理念経営」こそが確たる経営の柱となることを確信するに至ったとのことでした。現在はその信念は確固たるものとなり、社員が社員の家族とともに豊かで幸せな人生を築く「力」をつけることが社長の責任だとして、日々理念を基軸とした社員の育成に注力されています。

「企業理念」

大丈夫！あなたには『ＨＵＭＡＮ』がいる。

１　自己の成長を基本と考え行動し、より以上を目指す。

2　人のお役に立てる人間になる。
3　夢を追い続ける。
「行動指針」
・最高水準のコンサルティングとサービスを提供する。
・感動と安心を与える事故対応
・人生における重要なスキルはコミュニケーションである。
・社員一人ひとりの存在理由の結晶がH＆Aの存在価値
・「売上」とは、どれだけお客様に感謝されたかの結果

考え方の基本として「社員第一」が掲げられています。そのうえでお客様の生活からビジネスに至るまで、不安やリスクを感じた時、事故や被害に遭われた時、「ヒューマンに相談しよう！ヒューマンがいるから安心」と頼られる存在になろう、をモットーに全社員が研鑽を積んでいるユニークな会社だといえます。

会社には社員の人生を預かるという重い役割があり、**「社員の成功は会社の成功」**という社長の想いが社員の活動に反映されています。一般の保険会社は契約が済めば一応終わりという形なのに対し、契約の時点はもとより、契約後も顧客の抱える問題点・課題の解

決に真剣に相談に乗り、有効な解決策を呈示するといった活動を続けていることが大きな特長になっています。

社員70名は各面に亘る専門分野を分担するチームに分かれ、互いに連携をとっています。たとえばお客様がリスク発生に直面したとき、事故があった時の専門家が加わることで的確な解決をはかるといったことが会社の一番の強みとなっています。

また顧客の経営リスクをコントロールする手段として会社を利用してもらうためには、社員は単に保険にまつわる知識だけでなく、経営各面の勉強も必要となりますが、それがまた社員の自己啓発の一つの目標ともなっているわけです。

このような行き方は、一般に理念を掲げているものの現実の行動が伴っていない企業が多いなかでひときわ目立つ特異な存在価値を持つこととなりました。また理念の実践についても社員が真にこれを理解し、体得することを目指して、社長自身が経営計画書にその内容を詳しく述べて徹底を図るなど、その取組みは他に見られないほど真剣なものとなっています。

社員の採用は、仲間を増やすという観点から社員の紹介によることが多く、当社では親子二組、姉妹一組が存在しているとのことでした。また、社員の育成については沖縄など未経験者も多いことから、デビューまで最短でも３～４か月かけてトレーニングを積んでいます。また本格育成の期間として3年をかけて行うことを基本にしています。
ここで参考までに、ここで働く社員の人達の職場の感想といったものを、比較的社歴の浅い人も含めて紹介したいと思います。

「社員の感想」

・北九州支店　店長　G・Kさん

二〇〇一年保険会社研修生として保険業界に入り、3年間の研修を終え専属個人代理店として独立し営業していました。その後、業界の自由化による環境の変化によってお客様に対してサービスの限界を感じたため、乗合代理店の委託型募集人として営業活動を始めました。

しかし将来このまま個人で続けていっていいものかと考えていたところ、組織運営されている生島社長に出会う機会があり、とても魅力を感じました。経営企画会議に参加させていただいたところ、しっかりした経営理念を持ち、社員の方も元気で明るく、ここで働いてみたいと思い、二〇一一年5月入社することに決めました。現在は北九州支店長としてマネジメントや組織営業に取組み、充実した毎日を送り、北九州支店を発展させるため、日々頑張っています。

新しい自分が見つけられると思います、是非ヒューマンで働いてみませんか？

・本社営業二課　Y・Tさん

大学卒業後、父が個人経営する専属代理店に手伝いとして3年間勤務し、その後違う業界を学びたくて、テレアポオフィスの会社と大手の運送会社の構内作業を行ってきました。知人からの紹介でヒューマン&アソシエイツのことを知って興味を持ち、面接を受け入社しました。入社後はたくさんの保険会社を取り扱っているため覚えることが多く大変でしたが、教育の環境も整っていたということもあり、相談もしやすく自己のスキルアップに繋がりました。

また、私は営業なので正直ノルマも覚悟しておりましたが、「人の役に立てる人間になる」を企業理念として信頼の先に新規契約があることを教えられ、入社時ノルマはありませんでした。私は入社6年目ですが「ノルマ」はありません。ただ、成績に対する「目標」はあります。成績を無理強いされるのではなく自分の力量と今後の自分がどうなりたいのかを上司と相談しながら目標を掲げて日々営業しています。「楽な商売はない！」と父に言われたことがあります。壁にぶつかることもたくさんありましたが、上司や先輩と相談しながら一つひとつ乗り越え、それが自信となり成果を挙げることができるようになりました。現在31歳ですが、35歳までにはマネージャー職になることを目指して日々活動しています。私は夢が描ける会社だと思いますので一緒に頑張りましょう！！

・保険クリニック沖縄本店　Aさん

私のヒューマンとの出逢いは就活中に偶然見ていた求人誌でした。求人誌の中では社長TVというネット上の番組が紹介されており、その中に出演する生島代表のメッセージを見ました。そこで語られる経営理念や社員への熱い思いにこころを惹かれ、面接を志願しました。

面接の際、仕事内容の話よりも職場の雰囲気や社員の話、また社風について嬉しそうに語る生島代表の姿があり、社長と社員の距離がすごく近い会社だという印象を受けました（実際やっぱり近いです）。楽しく働きたいという思いが一番あった当時の私は迷わず入社希望しました。

『保険の仕事』と周りに言うと大変そうだとか、少し敬遠されることに最初は自信を失いましたが、私を支えてくれたのは「人」でした。先輩や上司からの応援やサポート、時には厳しい言葉に自分自身を奮い立たせることができました。今では私を頼ってくださり全てを任せてくださるお客様や契約者からの紹介も増え、今年の4月で入社3年目を迎えます。保険という業種は本当に日々勉強が必要ですが、その分自分の成長や自信、やりがいへと繋がります。ヒューマンに入社したからこそ仕事の楽しさを実感できているのだと感じます。今後も会社の成長とともに自分自身がどのように変化し成長していけるのか思考しながら仕事に取り組んでいきたいです。

このような感想からは、社員の気持ち、取組み姿勢はもとより、社長の社員育成への熱意や、部下を持つ管理者や社員全体への理念の浸透といった状況を読み取ることができます。

【事例４～８】コミュニケーション→モチベーション→イノベーションの実現

株式会社　明屋（はるや）書店　代表取締役小島俊一　一九三九年（昭和14年）創業　愛媛県松山市

当社は書店として長い業歴を持っていますが、今日、ワン・クリックで翌朝には書籍が入手できることからもわかりますように、足を運ばなくてはならない書店業界の衰退傾向は著しく、当社も経営状況が悪化、二〇一二年に（株）トーハンと資本業務提携を結び、その傘下に入りました。

これを契機にトーハンより出向の現小島社長が二〇一三年より経営の立て直しに取り組むことで見事に再生を果たし、ダイヤモンド社の地方「元気」企業ランキングの１位に全国３００万社の中から選ばれるまでになりました。当社は二〇一六年には、全国１都12県に直営81店（愛媛県下に28店）、ＦＣ10店、計91店にチェーン展開する国内でも有数の地域書店にまで成長しています。

当社の経営を任された小島社長は中小企業診断士でもあり、経営の基本はファイナンス、マーケティング、マネジメントにあることを前提として改革に取り組みました。一般に企業再生は金融機関などが主導する場合は短期的なファイナンスに偏ってしまい、本来の経営のあり方の追求と長期的な成長を目指す体制造りになっていないことを普段から意識されていたこともあり（この考え方に筆者も共感）、現場の人材育成に焦点を当てた活動に注力し、改革のスタートを切ったわけです。

最初に重視したのは何といっても「コミュニケーション」です。まずは自分の考えである「これから何を大切にしていくのか」の社員に対する説明です。それは1番目に、とにかく従業員を大切にするということ、2番目にお客様視点を大切にする、3番目に地域貢献を大切にする、この三つで会社をつくっていくということです。このことを何度も繰り返し説明し、本気で取り組む意気込みを伝えることから始めたわけです。

このことは折に触れ訪れた店の店長に話す、店長会議で話す、とりわけブロック長とは緊密に話すといったことで「お客様のためにある店舗」「本を中心にしながらもその先にある生活を提案できる店舗」「新しい価値観を生み出す店舗」といった思いが浸透していきました。そういう中で社員の思いや意見を聞くことも盛んに行ったことがモティベーションにもつながっていきました。

このようなやり方の基本的な考え方について小島社長は「深いコミュニケーションが組織内で起きてモティベーションが上がり、これがイノベーションにつながる」という「**コミュニケーション→モティベーション→イノベーション**」という流れが社員の意識改革を促すといった考えを示されています。このことは私どもも大いに参考にすべきものと思います。

正社員のリストラを一人も出さずに経営再建を果たしたことは「社員を大切にする」という理念が結実したものといえ、また地域に合った店舗造りを社員の裁量に任せるといったことは、当社が目指すものを皆が等しく共有することによってはじめて可能になるものと考えられます。ですから店舗においては店長がいかにスタッフと意思疎通を図り、理念に沿った店づくりを進めていくかが勝負になります。

店舗はこれまでの本屋とは違い、テーマを設定した売り場が構築されます。それは店を訪れるお客様についてレジを通過する方の約３倍の方がそのまま帰られていることから、そのお客様を逃した形になっているのはなんとしてももったいない、このあとの方を対象にして有効な働きかけができないかという発想に基づいています。例えば「食べる」のコーナーではレシピ本などの関連書籍は勿論のこと、食器や鯖缶なども置くことで、そこに行けば潜在的な欲求が刺激されて購買に結びつくといった考え方で工夫が盛り込まれています。また店舗の立地に応じ、その地域特性を活かすことを考え、農家直納のみかんを安い価格で販売するといった具合です。

これからの課題は、店長やほかの幹部社員に止まらず、これまで以上に契約社員、パート社員、アルバイト社員に至るまで理念や価値観の浸透を図っていくことだといわれていますが、そうなったときには一段の発展、成長が期待できるでしょう。

「企業理念」

私たち明屋書店グループは『書店の力』で街を明るくします

「品質方針」

1　環境の変化に適応し、業界の常識に囚われない営業を行います。

2　人材育成に力を入れ、接客力の向上を目指します。

3　お客様の声に応えられるよう、継続的に業務の改善を行います。

「三つのモットー」

機先を制す…最新情報から時代を読む

清潔・整頓…行き届いた商品管理

親切…お客様目線のおもてなしと笑顔

三　人を活かすこととは何かを学ぶ

これまで述べました事例からは実に多くのことが学べるというのが率直な感想です。これをまとめてみました。このほかにも皆さんのいろんな受け止めがあることでしょう。各々で考えてみていただきたいと思います。

- 経営者は「経営とは何か」について明確な考え方を持つことが必要である。
- 経営の基盤となる「企業理念」の設定が欠かせない。
- 従業員の視点に立つこと。従業員はともに理念を実現していくパートナーだ。
- その理念は、経営は「人を活かす」「関わる人たちに幸せをつくる」を基本とし、共感を得られるものとすることが望まれる。
- 理念の実現には、仕事はできるだけ従業員に任せ、各々の創意を生かし、働きがい・生きがいを作ってもらう。
- 円滑なコミュニケーションこそがモティベーションの基礎となる。
- 規模の大きさを狙うのでなく、関わる人たちの幸せを確保する。

● 価値ある目標実現への挑戦が人を成長させる。

四　高齢化社会の見方を学ぶ

わが国の総人口は1億2、711万人（二〇一五年10月1日現在）で、このうち65歳以上の高齢者人口は3、392万人となり、総人口に占める割合（高齢化率）は26・7％となっています。ご存知のとおり、高齢化社会の進展はまぎれもない事実ですが、この進展の度合いは次ページの図表4－1に示す推計値でみるとおり、高齢化率は益々上昇し、二〇二五年には30％を超え、二〇五〇年には38・8％に達すると推測されています。

【図表4－1】　高齢化の推移と将来推計

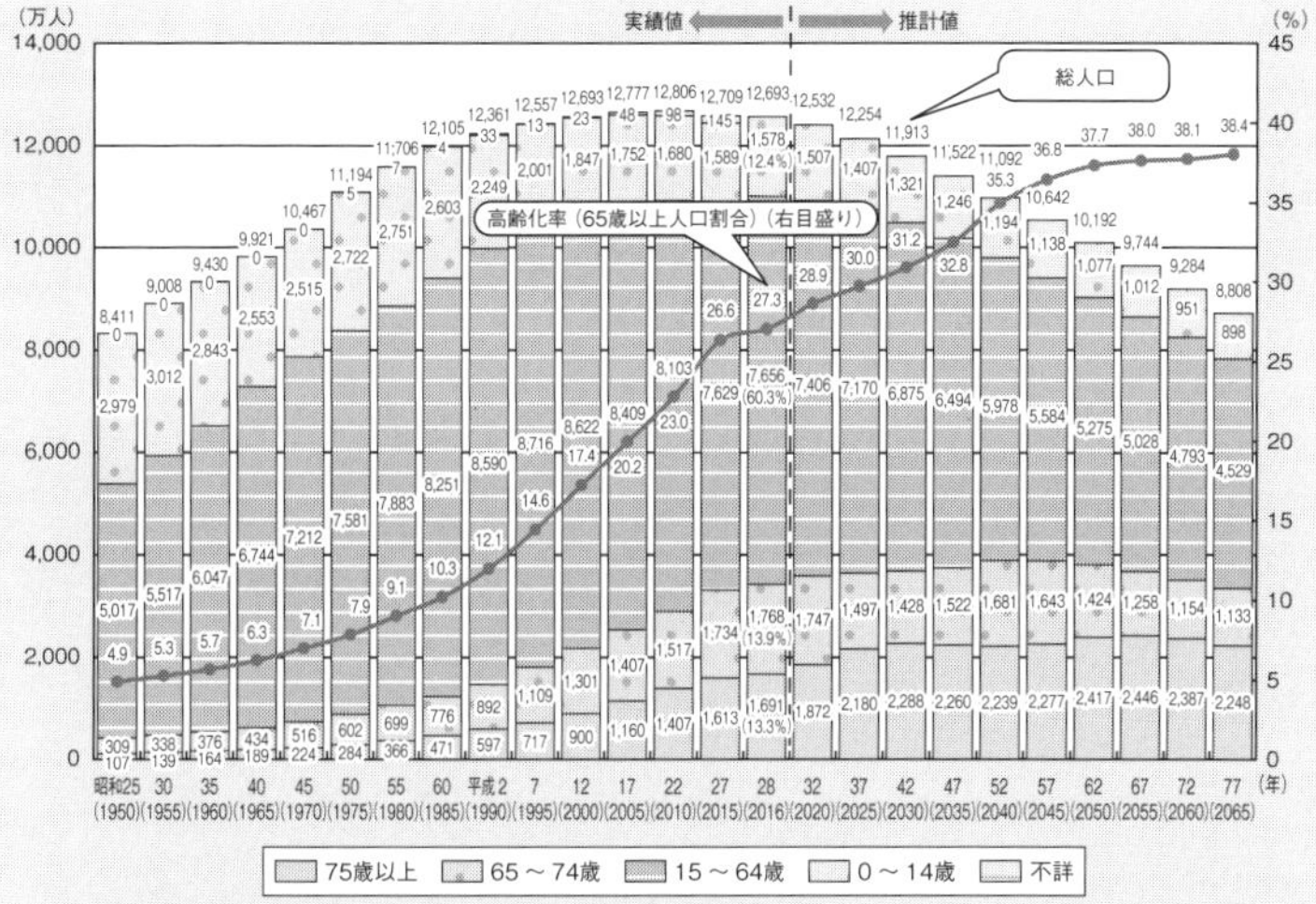

資料：2015年までは総務省「国勢調査」、2016年は総務省「人口推計」（平成28年10月1日確定値）、2020年以降は国立社会保障・人口問題研究所「日本の将来推計人口（平成29年推計）」の出生中位・死亡中位仮定による推計結果

（注）2016年以降の年齢階級別人口は、総務省統計局「平成27年国勢調査　年齢・国籍不詳をあん分した人口（参考表）」による年齢不詳をあん分した人口に基づいて算出されていることから、年齢不詳は存在しない。なお、1950年～2015年の高齢化率の算出には分母から年齢不詳を除いている。

資料出所：内閣府「高齢化の推移と将来推計」2015

そして同時に考えなくてはならないことは、人口減少に伴う労働人口（15〜64歳）の減少です。労働人口は年々減少し、二〇一五年、7、708万人で60・6％占めていたものが二〇二五年には7、034万人、58・3％、二〇五〇年では5、001万人、51・5％と推測されていて、労働力の大幅な減少が免れないということです。

さて、このような状況を見るときに皆さんはどのような感想を持たれるのでしょうか。実は筆者も少子化と高齢化の進展によって労働人口はどんどん減少し、経済活動は活力を失い、消費は減退し、日本経済の未来には希望が持てないだろうと思っていました。つまり非常に悲観的な見方にたっていたわけです。

ところが最近、「70歳現役社会づくり推進」の名のもとにいろんな活動が全国各地域において展開されるようになりました。この活動の一環として開催されたシンポジウムに参加しましたところ、とても前向きで将来に希望の持てる考え方に接することができ、幸いでした。それはこれまでのような悲観的な見方ではなくこれから新たな社会を創造して行けるというもので、これには心から賛同できるところがありました。

その提唱者は株式会社博報堂、新しい大人文化研究所統括プロデューサーの阪本節郎氏で、「クロスジェネレーションが日本の未来を開く」と題しての講演で示されたものです。

それによりますと、かのＰ・Ｆドラッカーが「日本はふたたび世界をリードすることができる。それはほかの国に先駆けて高齢化が急速に進展するからである。エルダー世代が社会的な仕事に関与し、新たな知識労働を生み出すことによって達成される。」と述べているように、高齢化社会を衰退する社会としてではなく、これまでにない新しい活力ある社会を生み出すことができるとの考え方によるものです。

そのような社会をつくるためのポイントは第一に高齢化といわれる世代の人達のあり方にあり、この人達が「**生涯現役**」を目指して、いくつになっても元気なうちは何らかの形で社会に貢献することだといわれます。その様態は様々であっていいし、これまでの経験を活かした仕事にかかわることはもちろん、知識と経験を活かし、後進を支援・指導する機会をつくる、あるいは地域の観光案内などのボランティアを行うなど、いろんな形でその役割を受け持つことで成立することとなります。

そのような社会の構造について阪本氏は50歳までの若い世代と50歳以降の**新しい大人（エルダー）世代**に分け、後者が若い世代をサポートし、支える「クロスジェネレーション」という形を想定されています。氏の調査によれば40～60歳代が共鳴する時代の捉え方として「大人世代と若者世代がお互いの良さを認め合いながら、交流・協力し、新しい文化や潮流を創る時代に」といったことへの賛同が77％、また「大人世代が若者世代を応援することで、若者世代からも新しく社会的にも意義のある文化や潮流が生まれる時代に」というものへの賛同が75％に達したとあります。

このような考え方が成立するのは、いまの時代、特に高年齢者層のものの見方や思いというものがそれ以前の世代の人達が持っていた者とはかなり異なっているという背景があります。

① 団塊の世代（60歳代後半）が高齢化する過程で、これまでなかった若者文化の形成を経験してきている。そのことが年齢を重ねてきても大きな影響を与えている。
② 元気で働けるいわゆる健康寿命が年々伸びており、70歳を超えてきている。
③ シニア層（60歳以上）が自分たちは昔の世代のシニア層とは違うと自覚している。「年相応にならない」「若さ」「新しいものやコトに敏感」といった点が異なっている。
④ 現実に動ける間は意欲を持ってやるんだという意識で活発に活動している人たちが多くなってきている。
⑤ 国の施策としても一億総活躍社会を目指す、あるいは地方創生において高齢者の力の活用を図るなどについて支援体制をつくりつつある。

【図表4－2】 人生のとらえ方が大きく変わる

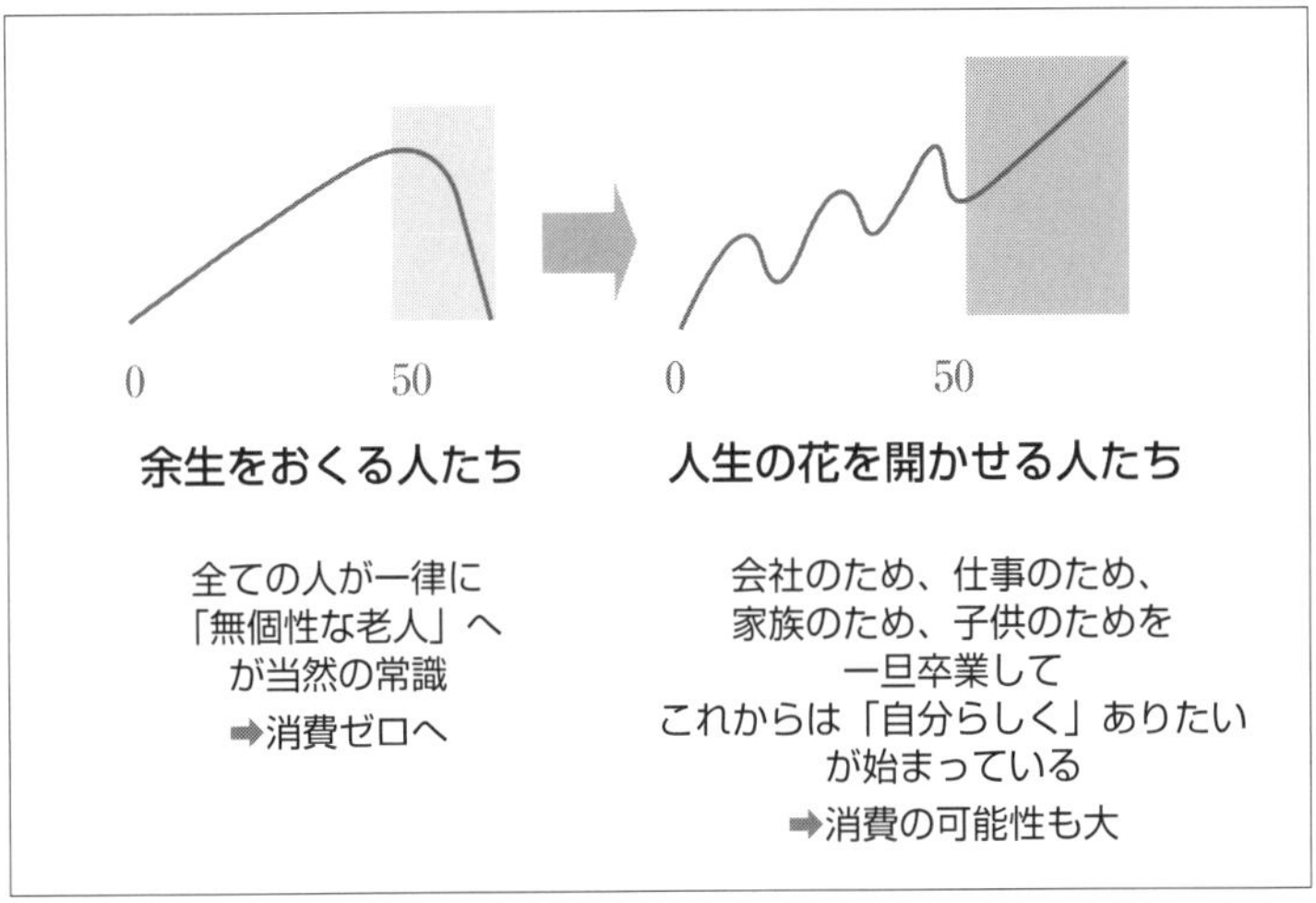

資料出所：平成29年２月20日「福岡県70歳現役社会推進シンポジウム」阪本節郎氏講演資料
（於:福岡西鉄ソラリアホテル）

五　高齢者活用企業に学ぶ（事例）

さて、生涯現役社会を創るには、高齢者自身の生き方に対する意識もさることながら、この世代の人達を受け入れる社会のあり方が課題となります。まず、企業や団体が、高齢者が仕事のできるような柔軟な勤務体制をつくって、大いにこの人達を受け入れ、活用するということです。

人材が不足し、特に若年層の採用が困難な時代にあっては、高齢者の採用と活用に積極的に取り組むということも重要な課題となってきました。そして現実にこの課題に取組み、大きな成果を上げている企業や社会福祉法人が増加しつつあるのも事実です。そこで高齢者の採用と活用に成果を上げている企業の事例を紐解き、これからの参考に供したいと思います。

【事例4～9】90歳まで現役で働ける企業を目指す

最初の事例は平成20年度高齢者雇用開発コンテストにおいて厚生労働大臣表彰での最優秀賞を受賞した企業です。

株式会社ハラキン（茨城県鹿嶋市、代表取締役原謙次、創業一九七六年）

当社はきのこの生産販売を行っており、従業員数は１４７人で平均年齢は57歳と高い状況です。うち60歳以上が89人おり、70歳代は10人、最高齢者は80歳（男性）であり、まさに高齢者活用の典型的な企業となっています。

当社の課題は生産品目の中でも国産品が一割しかない「きくらげ」に注力して生産事業を拡大することであり、新たな包装ラインの立ち上げへの人員確保が進まないことにありました。原因として考えられていましたのは、①求職者は「工業関係」を望んでいる、②「食品関係」は「仕事がハード」・「衛生面が大変」と思われている、③当地域に若い人材自体が少ない、ということでした。

そこで思い切って経営の転換を図ることとし、経営理念が設定されました。

「経営理念」

人間主体の経営を探求する（平成23年）

健康寿命90歳へ　90歳まで現役で働ける企業を目指す（平成26年）

この経営理念に基づき、高齢者雇用開発への取組みがスタートしました。

①　定年制度の廃止〜健康寿命社会への貢献〜

これについては早く改善がなされ、平成20年にそれまで60歳としていた定年制度を廃止し、高年齢者雇用確保措置が義務づけられている65歳を超えても条件を変えることなく継続雇用することとしました。

②高年齢者を対象とした従業員募集チラシの作成〜高齢者雇用の促進、人員確保〜

平成25年までの募集チラシは対象者を30〜60歳としていたが応募が少ないため、経営理念の「90歳まで現役で働ける企業を目指す」に沿って対象を高年齢者とし、「60歳以上」の言葉を入れて内容を一新しました。その結果チラシ配布から3日間で60〜84歳まで50名の応募があり、うち77歳を含む25名を採用しました。これにより**働きたい意欲にあふれた高年齢者が地域に多く存在**し、高年齢者の就業意識が高いということが改めて認識されたのです。

③柔軟な雇用形態の導入〜ライフスタイルの尊重〜

高年齢者が無理なく仕事が始められるよう柔軟で多様な勤務形態を導入しました。

・短時間勤務制度　1日3時間勤務（例）Aさんは午前9時〜12時まで、Bさんは午後1時〜4時まで

・ライフスタイルを優先したシフト体制の構築（例）週3〜4日の勤務、2週間出勤、1週間休み　など

④新たな職務の創出〜新たな包装ラインの立ち上げ〜

「きくらげ包装ライン」の立ち上げで、きくらげ生産量は年間100トンとなりわが国トップクラスとなりましたが、高年齢者の業務について包装業務のみならず、きのこ

の収穫業務、その他の栽培業務にも従事できるよう仕事の幅を拡げました。こういった業務においては高年齢者の責任感や正確性といった能力が大きく発揮されています。

以上の改革のほか、職場環境にも配慮し、身体的負担の軽減と安全面の配慮から、休憩室を１階へ移動する、また作業場、通路の照明の増設や通路の壁を白く塗装して明るさを確保するなど改善を進めています。また、高年齢者の更なる募集については当初の平成26年の25名に次いで、平成27年に15名、平成28年に13名と３年間で53名を採用、定着率は95％となっています。

【事例4～10】理念と行動の結びつきを探求し、介護のあり方を刷新

有限会社うえだ（福岡県大牟田市　代表取締役植田尚子氏　創業二〇〇四年）

当社は特定施設入居者生活介護有料老人ホーム杏（あんず）を皮切りにグループホームやデイサービスなどを逐次開設、運営し、いまのところ入居者最大45名、デイサービス利用者最大6名といった状況です。また従業員数は41名で、うち60歳以上が23名と全体の58％を占めています。

「企業理念」

出会い（愛）に感謝

あなたに出会ってから一緒に時を過ごせる。ゆっくり、のんびりと笑顔で寄り添いあってここで過ごそう。

あなたの明るい笑顔、明るい声の奥にある心の痛み、悔しさ、辛さを推し量り、それでも笑うことのできるその強さに敬意を表して、さらに笑い続けることのできるような、介護を届けます。

当社の事業開設時より続いている課題は、①介護事業における慢性的な人材不足、②社内における教育システムの未確立　とのことで、人材不足の一要因として定年制による人

材の流出が挙げられています。そこでこれに対応する取組みとして、①定年前ＯＢ化防止のため、定年制を廃止、②「働きやすい就業時間の設定」や「業務基準・接遇基準の共有化」を進めました。

またさらに定年制廃止に伴う高年齢者雇用への取組みを行いました。それは「理念に基づいた介護」の実践で、全員が対象となるものです。まず「企業理念」を全員が再認識し、実践していくための取組みとして理念に基づいた介護をビデオ等により明確化・共有化するもので、理念による実践と思われる介護をビデオに撮り、月１回の研修の場でよいと思われる介護を検討し、これが真に理念に沿ったものであるかどうかの検証を行っています。合わせて職員は日々の介護場面のシナリオをつくり、演ずることで映像化して検討し、問題意識の具体化、共有化を行っています。

「理念に基づいた介護～共有方針」

一、利用者中心のケア（その人生、暮らしを理解し、認める）

二、利用者の意思の尊重

三、ゆっくり・のんびり・笑顔で寄り添うケア

四、思いやりのある言葉遣い

五、誠実な対応（感情的・慌ただしい態度で接しない）

六、プライバシーの保護・尊厳の保持
七、顔色・身体状況・皮膚状態等、異常の有無・確認
八、危険の防止（転倒・誤嚥・外傷等）
九、居室・施設内の整理整頓

このような活動の効果として、①職員の様々な「気づき」を促し、仕事への動機づけを向上させる効果があった、②理念に対して全員が同一の認識を持ったことは、「考える職員」育成に留まらず、職員間で気軽に注意喚起ができ、育ち合い、考え合う風土の醸成にも繋がった　が挙げられています。

当社ではこの一連の活動により、「**高年齢者は、経験豊富な人材の宝庫**」だ。培ってきた生活力、仕事のスキル、人間力を生かすことにより、若手にはない魅力があり、介護施設としての競争力も高まる。また高年齢者の多様な能力・意欲に対応するフレキシブルな人事管理から多様な人材から効率的に能力を引き出すことが可能となった」と総括されています。

おわりに、代表者である植田尚子氏にお会いして伺ったところの要点を紹介させていただき、皆さんの参考に供したいと思います。

・自分は主婦をしていて両親を見送った経験から、介護のあり方に関心を持った。子供

も独立し、時間の許す環境となったことからヘルパーの仕事を始めた。

・わからないことが多く、大牟田市が力を入れている研修に参加してきた。また福岡市での2日間の研修にも参加して初めて「企業理念」ということを学んだ。

・当初は「理念の実行」の意味がわからなかったが、ユニットケアによる介護の提唱・実践者で、東北震災の復興支援に当てられていた武田和典氏の指導を受ける機会があり、理念の実践ということをより深く理解することができた。

・常勤の職員を対象としたビデオ研修…いつもの介護をビデオに撮り、当社の理念に合った介護のビデオとの比較において職員から気づきを出してもらい、皆で考えるやり方で研修を行っている。押し付けるといったことは一切なく、理念によって皆で決めた項目に照らし合わせて、自分たちで考える研修としている。（年2～3回で3年継続し、4年目に入っている。なお介護対象者からは全員、同意書を得ている）

・高齢者の採用は特に選抜ということはせず、来てくれた人全員を対象としている。このため、採用後の育成・研修に力を入れることが必須の条件となる。

・皆が豊かな人生を築くことを念願しており、「人のために役立つ私」、「自分が楽しめる時間を持てる私」であるといったあり方を目指している。

以上から、代表者はわからないことを素直な気持ちで学び、吸収していくたゆまない自己研鑽により、今の事業を築いてきたということがよくわかります。

「動き出しは当事者から」のテーマで趣旨説明。アドバイザーは武田和典氏(左側)

支援行動の映像を皆で振り返り検討する職員

特定施設入居者生活介護「ひびき」

写真提供：（有）うえだ

【事例4～11】高齢者の働きやすい環境を整備

有限会社サンクス（うなぎ処柳川屋）（福岡県粕屋郡粕屋町　代表取締役安永清美氏　設立平成元年）

当社は「うなぎのせいろ蒸し」をメインとしたうなぎ料理の専門店として直営グループ店10店を運営しています。

「経営理念」

●社員大切

●お客様大切

●商品大切

しっかりと良いものづくりを目指します。

当社の課題として・人員不足・技能伝承・資源枯渇が進むうなぎの3点があげられています。資源枯渇の問題はさておき、人については慢性的な人手不足に見舞われており、人の採用については通常のかたちでは応募者がなく、知人を介しての紹介に頼るなど、苦労の連続でした。

そこで経営として取り組んだのが高年齢者の活用であり、「高齢者が働きやすい環境づくり」をテーマとして考えられる対策を講じてきたものです。

① 定年の延長　65歳から70歳へ

・いつまでも安心して勤めてもらうために、定年を70歳まで延長　・70歳以降も意欲と体力がある限り、嘱託社員として継続雇用　・働き方、職務内容は本人と協議

② ペア就労による技能伝承

・うなぎの状況に応じた焼き方は人の技術、経験力による。　・ベテラン技術者の負担軽減も必要　・新人を雇用し、ペア就労で技能継承を進める。

③ 働きやすい環境整備

・洗浄機の導入により、身体的負担の大きいうなぎの骨洗浄の負担軽減と作業効率の向上を図る（他店でやっていないうなぎの骨の加工商品）。　・本社工場と各店舗に休憩室を設置し、従業員の疲労回復と職場のコミュニケーション向上を図る。

④ 商品開発

・資源枯渇が心配されるうなぎの有効活用と、高齢化が進行する従業員の負担軽減を図るために、新商品「うなぎのことこと煮」を開発。　・うなぎ以外の食材を活用した新商品の開発も進める。

以上のような対策が実りつつあり、人員不足は解消に向かっています。この会社の事例も従業員の幸せづくりを第一に考えることで体質が大きく変わることを示しています。終

の職場としていつまでも気持ちよく勤めてもらうこと、皆が幸せな人生を過ごせる会社になることを目指すことは企業価値を大きくすることに繋がっているものと思います。

これまで見てきた企業の事例は、高齢者の積極活用が一般的ではない今の状況の中では、とても先進的な取組みとして評価がなされているものです。人手不足が益々深刻の度を加えている現在において、まずは高齢化社会のあり方が活き活きしたものとして構築できるという新たな視点を持つ、そして高年齢者の持てる力を十分に活用することが可能だということを認識し、実際に行動を起こすことです。

そのような取組みを始めることで、人材の獲得と活用に新たな道を拓いていくことはこれからの社会においては大きな意義を持つこととなるでしょう。

第5章　リスクを避け、情熱を持って挑戦しよう！

一　まさかの、ブラック企業にならないために

電通の過労死事件が世間の注目を集めたことは周知のことですが、この事件はこれまで長時間労働といえば製造業が中心に語られてきたものを大きく変えることとなりました。そして長時間労働改善を中心とする職場環境の改善が、ホワイトカラー並びにサービス業を含む全産業の問題であることを浮き彫りにした点が注目されます。

これはまた著名な大企業であっても、長年に亘って醸成されてきた組織風土を抜本的に見直すことを迫るものとなりました。これまでどちらかといえば仕事に立ち向かう姿勢として企業の美風ともされ、学びの対象にもなってきました「電通の鬼十訓…取り組んだら放すな！殺されても放すな！目的完遂までは…ほか略」も、これそのものの良否は別として、それが職場環境との関わりなしに指標とされてきた場合の影響が決して小さなものではないことを明らかにしたものといえます。ちなみに電通では改善の一環としてこの鬼十

訓の社員手帳への印刷をやめることにしたと伝えられています。

特に歴史のある企業や団体において永年培われてきた理念・社風とそれに基づく行動は現代にも通用する立派なものも多くありますが、その反面、その見直しが必要となっているものも多くあることが推測されます。そこで必要となるのは、今のあり方が本当に将来の望ましい姿の実現にふさわしいものであるか、また社会的にも適切なものであるかどうかを見直してみることです。惰性で進むのではなく、立ち止まって実態を深く見つめ、正すべきは正すという姿勢で積極的に対応することが望まれます。

いま残業時間の規制が検討され、これまで労働組合との協定によっては青天井で延ばせた労働時間に上限が設定されます。残業時間は月45時間、年360時間を原則とし、それで対応出来ない場合に年720時間、単月100時間未満、2～6か月で80時間以下の上限を設けることとなります。法改正には注意を払い、適切な対応をとることが必要です。

さて政府は電通事件を一つの契機として労働環境の思い切った改善をめざし、働き方改革を進めるための実行計画を策定するとともに、各面の法改正を進めていくことは明らかです。このような動きに対し、これからの企業としての対応をどのようにするかを十分考えておく必要があります。

先ずは法令の遵守は最低限必要なものとなります。もし万一労働基準法や労働安全衛生法などの法令を守らない会社だとのレッテルを付されますと、これは採用面でも大きな影響を受けることとなります。労働問題はこれが話題となること自体も含め、訴訟を受けてこれが敗訴ともなれば会社の信用は大きなダメージを受け、一般のその会社に対する評価も大きく下げてしまうことは必定です。

またこれから特に留意すべき課題としては長時間労働の問題に加えて「同一労働、同一賃金」の問題とこれへの対応があります。これは端的にいえば、会社における身分や資格が異なっていても、仕事の内容が同一であれば、同じ賃金を支払わなくてはならないというものです。例えばよくあるケースですが正社員とパートタイマーが同じ職場で同じ仕事をしているといった場合には、このパートタイマーに正社員なみの賃金を払えということになります。

こうした場合の対策として日ごろから専門家（社会保険労務士など）の意見を聞き、従業員の身分・資格に対応した責任の度合いを含む仕事の違いを明確に整理しておくことが必要となります。今この問題で係争中の訴訟も実際に数件発生していることから安易な取り扱いはよくありません。正社員、嘱託、契約社員、臨時社員、パート社員の身分の違いと担当する業務を明確に区分し、各々の違いを説明できることが要件となります。

その際の業務の違いの判断基準としては各々の身分ごとに、①雇用期間の定め、②職務の内容、③責任の度合、④職務の変更の有無、⑤転勤の有無を基準とし、各々の差異を明確にして、違いがわかるように一覧表を作成しておくのがよいでしょう。そうすれば給与の違いの理由を求められた場合に、しっかりとした対応ができます。

さて、法令順守は当然のこととして、いま企業に求められているのはより積極的な職場環境の改善に対する取組みです。長時間労働、同一労働・同一賃金の問題のほか多くの課題がありますし、ひとたび問題を起こしますとその解決へのエネルギー投入は馬鹿になりません。それどころか損害賠償に加え、従業員はもとより、取引先や地域にもマイナスの影響を与えることとなります。そうなる前に環境改善に前向きに取組み、しっかりした体制をつくって事前にトラブルを回避するほうが遥かに得策だといえます、

二　まさかの、隙間をなくし、全方位で対策する

労務管理上の問題は、前項で述べました長時間労働や同一労働・同一賃金の問題のほか多くの課題があります。ここではその他の課題を概観し、各々の対策を述べるとともに、労務管理面に止まらず、企業を取り巻く外部との関係性を検討し、その課題と対策を考えます。以下に理解していただきたい内容を述べますが、これらに関心を持っていただき、不明な点があればさらに調査・研究されることをお勧めします。

(一) 労働契約の成立・内容・変更

・採用面接では応募者の基本的人権を尊重することを前提に、必要性のない個人情報…本籍・出生地、家族の職業、家庭環境など、及び宗教、支持政党、思想・信条、労組への加入状況など…は聞かないこと。

・人を採用した場合には、雇用契約書を作成する。あとでトラブルが発生するのは口頭での約束ではお互いの認識が異なっていることが大半である。雇用契約書に明示する事項は、労働契約の期間、就業の場所・従事する業務の内容、始業・終業時刻、所定労働時間を超える労働の有無、休憩時間、休日、休暇、交代制勤務をさせる場合は終業時転換に関する事項、賃金の決定・計算・支払の方法、賃金の締切り・支払の時期に関する事項、退職に関する事項（解雇の事由を含む）である。このほか昇給や退職金・賞与のほか安全衛生や教育訓練などの事項があるが、これらは口頭の説明でも良いとされている。

・就業規則はその内容を十分チェックし、法改正のあった時には法律と矛盾することがないよう、変更すること。また会社の都合により内容の変更を行う場合は、これが不利益変更にならないよう注意し、従業員には説明を行って周知徹底させること。

(二) 安全配慮義務

会社には従業員が安全・健康に働くことができるよう配慮する義務があります。この義務を「安全配慮義務」といいます。そしてこの義務を果たさないことを「安全配慮義務違反」といいます。職場においての従業員の安全と健康を守るのは、従業員の自己責任ではなく、会社側がその義務を負うということです。

安全配慮義務は、従来から労働安全衛生法において事業者は職場における労働災害防止や労働者の安全と健康を守らなくてはならない旨定められています。更に平成20年3月に施行された労働契約法第5条においては「使用者は、労働契約に伴い、労働者がその生命、身体等の安全を確保しつつ労働することができるよう、必要な配慮をするものとする」として使用者の労働者に対する安全配慮義務を明文化しています。

なお、厚生労働省の通達により、前記の条文の「生命、身体等の安全」には、心の健康(精神的な健康)も含まれることとされています。企業のリスク管理においては、これらの法律も踏まえ、真剣に取り組まなければ、企業存続にもかかわる問題を発生させる恐れがあることを認識しなくてはなりません。

近年、セクハラ、パワハラによる事件が多発しています。このような事態は第一にこれを起こすような風土がそこにあることに起因しています。まっとうな理念が設定され、それが末端まで浸透している場合にはそれは起こりえないと考えられます。ですから先ずは自社の組織風土が理念に照らし合わせて健全適切な状態であるのかどうかを見極める必要があります。そしてそこに問題がある場合には、一日も早く手を打つ必要があります。

というのは組織風土というものは急に形成されるのではなく、永年の考え方ややり方がそこに定着してしまっているということです。これを是正するには大きなエネルギーを要することとなります。先ずは企業・組織のあるべき姿を明確にするとともに、現実とのギャップを把握し、新たな理念を構築し、全員でこの理念の実現に挑戦するといった、いわば再スタートを切るかたちでの取組みが必要となるからです。

次に経営者に求められているのは、従業員個々のこころの状態も含めた健康管理です。このことは部下を持つ上司の立場の管理者にも要求されるところです。従業員の状態が正常ではなく、何らかの問題を抱えている状態を見逃すことは、健康保持に対する義務違反となります。そこでいま盛んに言われていますのは従業員のメンタルヘルスの課題です。

平成24年労働安全衛生特別調査によると、「仕事に強い不安、悩み、ストレスを感じている」と答えた人の割合は、60・９％と全体の半数を超えており、男女共に「職場の人間関係におけるストレス」を抱えているという回答が上位を占めています。

【図表5－1】 ストレスの要因

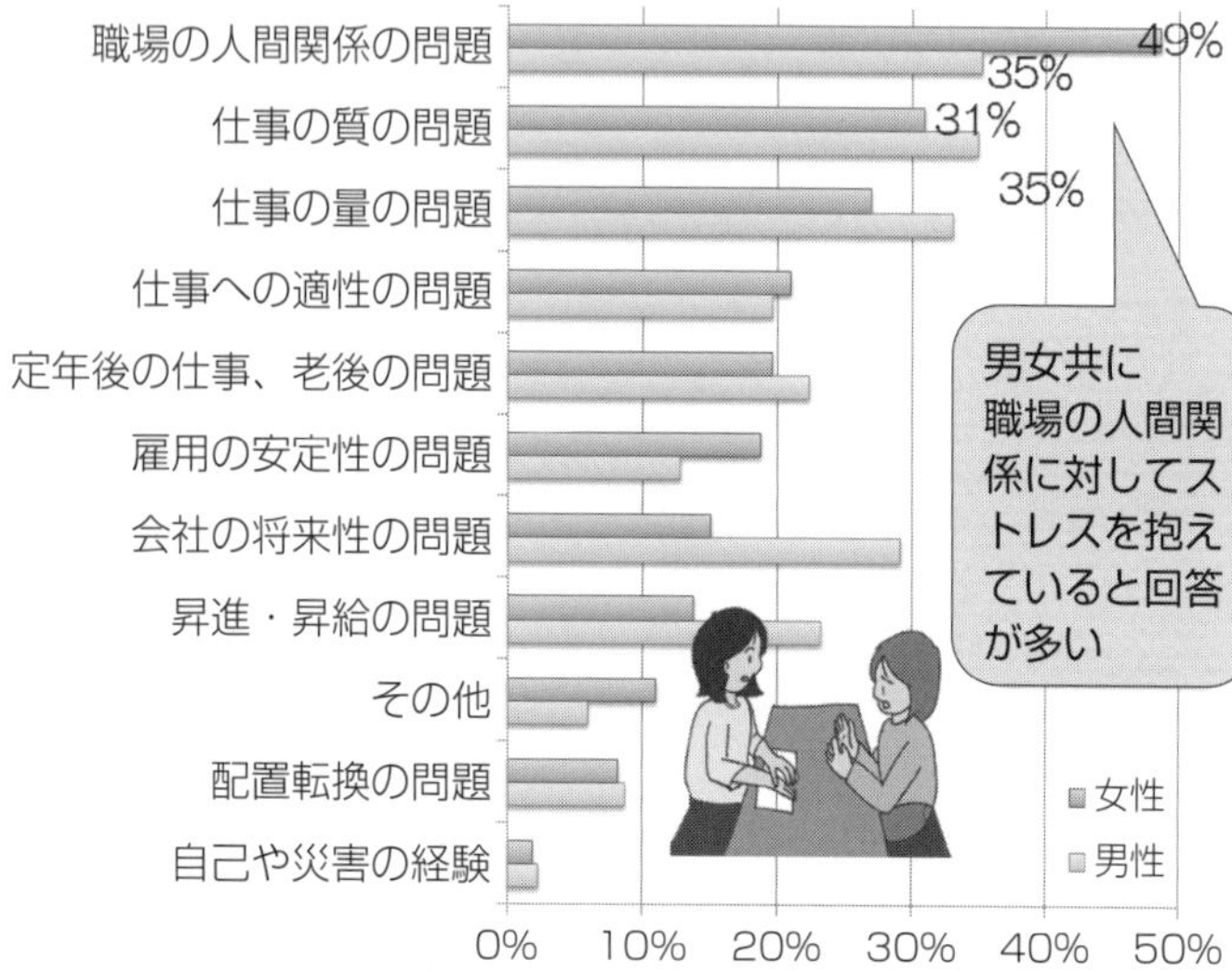

資料出所　厚労省　平成24年労働安全衛生特別調査

　また、パワーハラスメント、セクシャルハラスメントに関しても受け取り方や捉え方が以前とは様変わりしており、パワーハラスメントに関しての認知は、上司の指導が注意対象だと思われていますが、現在は部下が上司に、同僚が同僚に行うものも指すことがあります。セクシャルハラスメントも同様で、男性が女性に対しての嫌がらせを指していましたが、女性が男性に対して、または同性間におけるものも含まれるようになっています。そのため、企業では外部委託を含むコンプライアンス窓口機能を設置し、定期的にハラスメント研修や教育を取り入れているといった実績を作っておかなければ、訴えられた時にはブラック企業としてレッテルを貼られ、企業のイメージダウンになります。訴訟では膨大な損害賠償請求が避けられない事態になるかもしれません。

　メンタルヘルス不調の状況を示すものとして、平成22年頃から、仕事や人間関係による心理的負荷が関係した精神障害や自殺についての労災請求が急激に増えていることが挙げられます。このような状況に対応して平成23年12月に、発病した精神障害が業務上のものと認められるかの判断が迅速に行われるように「心理的負荷による精神障害の認定基準」が新たに定められ、この認定基準に基づいて労災認定が行われています。

　平成27年度精神障害に関する事案の労災補償状況では、メンタルヘルスの不調による精神障害の労災請求件数は１、５１５件、支給決定件数４７２件と毎年過去最多を更新しています。なお、労災認定＝安全配慮義務違反です。こうなりますと労働災害の発生の有無を問わず、刑事責任が科せられます。

次には「ストレスチェック」についてですが、従業員50人以上の事業所については、年1回のストレスチェックが義務づけられています。高ストレス者と判定され、本人が希望した場合には、産業医などの面接指導を受けます。その後、事業者は何らかの措置を講ずることが求められます。気をつけなくてはいけないのは50人未満の事業所です。ストレスチェックは努力義務だから　対策を講じなくてもよいということにはなりません。やはり常に従業員の心身の健康状態把握に努めることが欠かせないとして予防対策をすることです。

㈢ 懲戒処分

懲戒処分とは従業員の企業秩序違反行為に対する制裁罰ということであり、その内容は懲戒解雇、諭旨解雇、出勤停止、減給、戒告、訓戒などがあり、就業規則にその要件が定められるのが通例となっています。会社としては従業員にこの就業規則に違反する行為があった場合には、その内容に応じて定められた罰則を科すこととなりますが、問題となるのは使用者側の安直な判断と対応です。

特に懲戒解雇といった解雇については、よほど慎重にやらないと解雇権の濫用として裁判で負けるケースが少なからずあるということを認識しておく必要があります。

ここでは使用者側が裁判で負けた事例を取り上げ、この問題の理解に供したいと思います。

【判例】 熊本県教委（教員懲戒・免職）事件（福岡高裁平成18年11月9日判決、労判956・69）

この事件は熊本県の中学校の教諭Aが熊本県教育委員会に対し、２度の飲酒運転と生徒の成績や名簿などを保存した光磁気ディスク（ＭＯ）紛失を理由とする懲戒免職処分の取消しを求め、熊本県に対し1、０００万円の損害賠償を求めた事案です。

平成15年11月18日、教諭ＸはＡ浴場でＭＯを紛失したことを帰宅後気づいた。同月21日に宇土市で行われた公開授業反省会にて飲酒していたが、この時にＭＯの取得者から連絡があり、これを当日後刻にＡ浴場で受け取る約束をした。そして運転代行業者に連絡したが時間待ち40分とのことだったので、飲酒を自覚しながらも自家用車でＡ浴場に向かう途中で検問にかかり、酒気帯び運転の現行犯で検挙された。

２回目の飲酒運転は、Ｘが警察官にＡ浴場に搬送してもらって、ＭＯ取得者より返還を受けたあと、Ａ浴場の自家用車で仮眠したのち、22日午前1時頃運転代行業者２社に電話した。しかし何れも出払っており、やむなく自家用車を運転して帰宅の途中、検問にかかり、再度酒気帯び運転の現行犯で検挙された。

この結果を受け、熊本県教育委員会は平成16年1月に2度の飲酒運転及びMO紛失を理由にXを懲戒免職処分にした。これにつき、熊本地裁の一審ではこの処分を有効としたが、控訴審の福岡高裁では、懲戒免職処分無効との裁決がなされた。これを受けXは損害賠償請求についてはこれを取り下げている。

さて、何故使用者側が裁判に負けたかの理由を簡潔に述べておきます。
・懲戒処分というのは従業員の企業秩序違反行為に対する制裁罰ですが、本件の酒気帯び運転といった私生活上の行為は当然に懲戒の対象になるわけではありません。
・熊本県教育委員会の懲戒処分指針では「酒気帯び運転については停職とする」となっていますが、「酒気帯び運転については免職とする」とはなっていないことです。
・Xは教師としての評価が極めて高く、過去の懲戒処分歴はないことを勘案した段階的な処分が採られなかったことが挙げられます。
・懲戒解雇を行う時には弁明の機会を保障することが必要であるにもかかわらず、本件では弁明の機会が与えられていなかったことで不利な認定をされました。
以上のような理由により、裁判に負けたということですが、考えておかなくてはならないのは、解雇は会社の権利ですが、その濫用はいけないということです。「解雇は客観的に合理的な理由を欠き、社会通念上相当であると認められない場合は、その権利を濫用したものとして、無効とする」（労働契約法16条）とありますので、このことを十分認識し、慎重な取り扱いを行う必要があります。

なお、熊本県教育委員会の現行の「懲戒処分指針」は飲酒運転についての項が改められ、いろんなケースにおいての免職・停職が明確に示されることとなりました。

(四) 労働契約の終了

労働契約の終了に関しては、「勤怠不良社員の解雇」「能力不足社員の解雇」「休職期間の満了による退職」「整理解雇」「雇止め」「退職勧奨」などが考えられますが、ここでは「能力不足社員の解雇」の事例を取り上げます。

【判例】セガ・エンタープライゼス事件（東京地裁平成11年10月15日決定、労判770・34）

本件はS社が人事考課点の悪いXを含む56名に退職を勧告したが、Xのみが応じなかったので、就業規則の解雇事由である「労働能率が劣り、向上の見込みがないと認めたとき」に当たるとして解雇した。これに対し、Xはこの解雇を無効として地位保全、賃金仮払いの仮処分を求めたものである。

この件は人事考課点が平均に達しないことをもって解雇できるのかという点で世間の注目を集めた事件ですが、結論としては本件の解雇は無効であると判断されたのです。そもそも解雇は労働契約法第16条において、解雇は「客観的に合理的な理由を欠き、社会通念上相当であると認められない場合は、解雇権を濫用したものとして無効となる」むね定められています。この件では「労働能率が劣り、向上の見込みがない場合」という解雇事由にはあたらず、合理的な理由がないとして会社が負けたということになります。

ではの会社はどのようにすればよかったのかということですが、まずは「労働能力が劣り、向上の見込みがない」については平均的な水準に達していないというだけでは不十分であり、会社は教育、指導することにより、Xの労働能率を向上させる余地があったのにこれを怠ったということを認識することです。また会社は平素から能力不足の具体的な事実を把握し、これに対してどのように注意・指導したかの内容を文書で証拠として残すことです。具体的には「注意書」「指導書」を本人に交付することが考えられます。

最後に解雇という手段をとる前に、退職勧奨のステップを踏み、そこでの理解を得て自主退職にもっていくことがよりよい運び といえるでしょう。

三　まさかの、異分子への対策

よくみられますように、会社や組織にはいわゆる異端者が存在します。会社の方針や計画に対し、いつも批判を行っていて当事者意識に乏しい人です。こうした人は本人だけならまだしも、その言動が周囲に悪い影響を与えます。何よりも本人は他の人達より能力があると自負しています。また実際に特定の分野では優れた力を持っているといったケースも多くあります。

チームとして各々が協力し目標の達成にチャレンジしていく時に、このような人はアウトサイダーとして皆の脚を引っ張るわけです。こうした人は個性的ではあるにしても、その個性が建設的な方向で働くときには力となりますが、後ろ向きの場合はマイナスに働く存在にほかなりません。誇張した表現ですが、ある人は「ばい菌は早く取り除かなければならない。そうしないと周囲に移ってしまう」というのです。ではこういった存在に対してはどのように対応するのが良いのでしょうか。

まずはこのような兆候をキャッチした時には、早い時点で上司が面談し、本人の考え方とか業務の実態を聞くことが大事です。一方的な説得に終わるといった対応はよくありません。本人のよい点を認めた上で前向きの意欲を引き出すことに努力すべきでしょう。そして何よりも大事なことは、企業理念の理解・共感と、理念を実現するために適合した行動をとることの価値を認識してもらうことです。

会社の行き方に反している社員への対応の事例としてGE（ジェネラルエレクトリック）の元会長、ジャック・ウェルチ氏のとった措置が挙げられます。氏はGEというのは単にものをつくるのでなく、「人材をつくる工場」であるとして人材の育成に力を注いできました。ですから管理者も当然自分の業務の一部として人の育成にも注力することが求められることになります。

そういう中で営業においては非常に優秀で抜群の成績を挙げている社員がいました。ところがその社員はともに協力して後進の育成にも力を注ぐといった会社の方針に反して個人主義といいますか、周囲と全く溶け込むことなく独自で仕事を行っていくタイプで、その行動は側からの説得にもかかわらず変わることがなかったわけです。

そこで氏はその社員にGEとは別の道を歩んでもらうことを薦め、会社を去ってもらうこととしました。これは不当解雇といったものではなく、本人の人生観にそった道を自身で選択してもらうといったことになります。そこで重視されていたのは組織としての方向性であり、個々の個性は違っていても共通の理念を持って業務行動をすべきだといったことへの強い想いです。そうした想いが人事の方針となり、会社としての一貫性のある対応となることを理解していただきたいと思います。

●採用時に留意すべきこと

こうした特定の異分子というのでなく、通常よく見られるのですが、企業理念やこれにともなう行動指針に今一つなじめない従業員がいるといったケースです。これは中途採用を行っている会社に多くみられます。人手が足らない場合には多くの企業や社会福祉法人ではいわゆる即戦力となる人材を求めます。またその業界や特定の業務に経験を積んだ人であれば、育成に手間がかからず、手っ取り早いからです。

しかしここはよく考える必要があります。例えば運転手とか介護士などの職種で、経験も長く、その業界や業務を熟知している人というのは、多くの人がそれなりに一定の固定観念を持っているといえます。この仕事はこんなものだという想いです。こういった人は新たに接した理念や方針にどうしてもなじめないものです。特にその会社がこれまでの業界の考え方や習慣とは違った先進的な行き方を志向している場合はなおさらです。「そんなやり方はどこでもやってない」だとか「自分の考えとは違う」といって会社の目指しているものに水を差す存在となります。

ではどうしたらよいかということですが、先ずは採用の面接時に会社の理念や方針をよく伝えること、そしてこれに納得が得られるかどうかを見極めることです。人が要るということで安直に採用し、後で後悔しないことです。特に企業として他に先駆けて価値ある存在を目指すといった場合には、その実現を目指す企業理念が設定されています。何よりもそうした企業理念に共感してもらうことが前提となるのです。

次には難しいことではありますが新人の採用に力を注ぐことです。もちろん新人といえども会社の理念や将来の実現目標を示してこれに共感してくれる人材が望ましいことは言うまでもありません。新人は即戦力にはならないし、育成に時間と費用が掛かるからということで採用をあきらめているケースもありますが、これは考え直してもらう必要があります。

新人の一番の良さは、仕事に対する固定観念がないことです。ですから会社として望ましい人材への育成が計画的に実施できます。確かに時間と費用が掛かることは否定できませんが、その人達は本当の意味で会社を支える戦力となるに違いありません。経営というのはそうした努力を含めて成り立つものだと考えています。

四　採用の成果を挙げるとともに、ミスマッチを避けるには

(一)　採用方法の探求

前項にも触れましたが、「人材の採用」は企業にとっての大きな課題です。人手不足で

あり、いわば売り手市場となっている状況のなかではどのようにして人を採用するかは避けて通れない問題です。ここでは時代とともに変化が見られる有効な採用方法を探求するとともに、折角採用したのに会社のニーズに合わないといったミスマッチを如何に防いだらよいかについて採用問題の専門家の知見とともに、筆者の経験も加え述べることとします。

まず採用方法というのは大きくは二つに分けられます。一つは以前から当たり前のようになされている公募採用（オーディション型採用）で、今一つは人の力を介して行われるスカウト型採用（リファラルリクルーティング）で、いわゆる縁故採用もこれに含まれます。

主として新卒採用を対象とする公募採用は、対象者自体の人数か一世代前と比較して大幅に減少していることから並大抵のことでは成果を挙げることは難しくなっています。知名度が高くブランド力のある大企業でさえ内定者の確保に苦労している状況から、中堅・中小企業の採用は困難を極めているといって過言ではありません。ただそういう中でも特定の業界でのトップ企業や将来性のあるベンチャー企業には有名大学からの応募とその採用も少なくないといった事実は参考になります。

筆者も在勤時に採用活動として九州・山口地域で大学を巡回訪問し、会社のＰＲに努めましたが、当時は知名度も低く、労多くして成果なしの結果に終わった経験があります。

大学の就職担当部門には多くの企業が押し掛けますが、特定の企業を推すことはまずないわけですし、学生の進路決定に大きな影響力を持つ大学教授とのコネの方がはるかに大きな力を持つことになります。

そういう状況の中で成果があったのは、会社説明会において大学の後輩と接触する機会があり、本人の一次志望が金融機関であったのに対し、製造業の多様な仕事の面白さを話すことで会社に応募してくれ、入社に至ったことです。これは次に述べるスカウト型採用に属するものといえます。

さて、費用と手間をかけても成果に繋がりにくい公募採用に変わって重視されてきているのがスカウト型採用だと言えます。これは会社側でターゲットを定め、そこに対して営業的センスのある社員を差し向け、個別に人材を確保するといったもので、手間はかかるものの、やり方によっては大きな成果が期待できるものです。その対象とするターゲットはそれこそ知恵を絞り、設定していかなくてはなりません。

その事例としては・社員に出身校の後輩を挙げてもらい、その社員から働きかけを行ってもらうか、人事担当者が対象者に向けて活動を行う・会社のＯＢに依頼して、探してもらう・学校の体育会やサークルに協賛し、懇親会を行うなどがありますし、採用担当者が有効なメディアを活用して発信することも実施されるようになりました。

(二) 採用のミスマッチを防ぐための要点

人手不足という環境のもと、とにかく採用できればといった思いから採用への慎重な姿勢が軽視されがちですが、ここは押さえるべき要点をしっかり踏まえて取り組むことが必要です。

① 採用に当たっての前提として会社がどういう人を採用すべきかの基準、人材像を明確にし、採用関係者の目線を揃えておくこと。

② 対象者の人物判断が面接者の主観に片寄ることのないよう、できれば適性テストの実施を併用する。

③ 対象者の考え方や今後の仕事への意気込みについて、対象者の言うことを鵜呑みにし、過大評価しないためにも、これまでやってきたことの経験や事実に重点を置いて聞き、人物や能力の的確な判断につなぐこと。

④ 即戦力としての中途採用は、同じ業界での経験者を採るケースが多いが、これは慎重に行う必要がある。特に会社が新しい取組みを志向している場合、本人のこれまでの経験からくる固定観念が大きなネックとなる場合が多い。できることなら新人を採用し、育成する方がよい。

⑤　中途採用者の処遇は、当面は仮のもので、一定期間の仕事振りや実績の評価により、改めて本決定する方式によるというやり方を納得してもらう。そうしないと既存者との処遇のバランスがとれなくなって全体のモラルダウンにつながる恐れがある。

人手不足をカバーするための方策として注目されるのは高齢者の活用とともに外国人の雇用があります。最近では多くのコンビニで外国人の留学生を採用・活用することが当たり前のようになってきています。外国人といえどもいい加減な対応を行いますと罰せられることとなりますので十分な注意が必要です。そこで外国人雇用の留意点を述べ、参考に供したいと思います。

①　外国人採用の募集方法
・公的機関（ハローワークなど）からの紹介～東京外国人雇用サービスセンターや新卒応援ハローワーク（主要県）
・民間人材紹介会社からの紹介～職種や国別に各々の強みを持つ。
・自社従業員、取引先、大学からの紹介
・新聞雑誌・インターネットを通じての直接募集～日系新聞、英字新聞
・SNS（ソーシャルネットワークサービス）での求人

（注意点）最近は違法なブローカーが横行しており、外国人労働者の中間搾取の被害が続出していることから、十分に注意する必要があります。

②外国人雇用の流れと留意点
・在留資格の確認～在留カード（中長期在留者）の所持～就労が認められるかどうかの確認
・正式な労働契約の締結～労働条件相互確認
・就労ピザ申請手続き
・正式雇用～入社後のフォローが大切（教育・研修）
・ハローワークへの届け出～雇用保険の被保険者となるかどうかで期限等が異なる。（短期のアルバイトでも届け出が必要）

③入社後の外国人雇用管理
・会社の理念・方針を分かり易く説明して理解してもらい、業務行動に反映してもらうことを考える。
・英文就業規則の作成
・透明性・納得性の高い賃金制度の構築と運用
・適切な教育・訓練の実施

・離職の場合の再就職援助（雇用対策法第8条）

なお、これからの重点として外国人からの要望として挙げられている「キャリアパスの明示（昇進・昇格のルート、業務の担当段階など）」「昇格・昇給の期間短縮」といったことにも十分な配慮が必要だと考えられます。

以上、採用の問題点や課題について述べましたが、重要なことはやはり経営者の人に対する思いにあります。説明会や懇親会に経営者自らが出席し話すことは、経営方針や人に対する熱意が直接相手に伝わることとなりますので、成果に繋がりやすいということが言えます。このような点も踏まえ、採用への対応を行っていただきたいものです。

五　人を活かす経営にとって最も重要な「場づくり」とは?

人が活動する「場」というのはあらゆるところにあります。わかり易くはスポーツでいえば相撲の場合は土俵であり、サッカーでは競技場のグラウンドということになります。そして「職場」とは「仕事をする場」であることはご承知のとおりです。この職場の意義を称して「**人生における活躍の舞台**」だといわれることがあります。そしてこの舞台を如何に上手くつくるかが経営者の腕であるといわれます。

ではどんな職場が最も望まれる姿なのでしょうか。本書ですでに述べましたアンケートの集約のところで良くない職場として総体に職場が明るくない、その内訳として・職場の雰囲気が暗く、活気がない。・職場の人間関係が悪く、チームとしてのまとまりがない。・職場のメンバーがばらばらで協力的でない。が挙げられています。これから目指すべき職場は、少なくともこのアンケートに示されたような状況ではないこと、すなわち明るい職場であることが求められることとなります。しかし明るい職場というのは抽象的な表現でもありますので、ここはその中味をしっかり探求し、具体的なものとして把握しなくてはなりません。

これからの経営のあり方を考えるときに、職場は単に明るいというのではなく、それこそ「人生における活躍の舞台」の名に背かないものとして従業員一人一人がその能力を存分に発揮できる場として構築することが望まれます。その「場」について形態別に概観し、これがあなたの会社でどの程度活用されているかを考えてみていただきたく思います。

【全体会合という場】

●経営説明会…期または半期ごとにこれまでの業績の状況に加え、今後の経営方針や目標をトップが全従業員に説明

●表彰式…社内規程により、表彰に値する業績のあった従業員を、全従業員の前で表彰

する。

●臨時の方針発表会など…経営者の交替、組織体制の変更など、全従業員に周知してもらうことが必要となった場合

【階層別、部署別、地域別会合という場】

●取締役会、監査役会など…経営者層において行われる会議
●経営会議…一般には役員に加え、部長以上の幹部が加わって経営課題を論議する
●支店長会議…各地の支店長が集まって行われる会議、工場長会議も同様
●部課長会議…部署ごとに管理者が集まって行う会議
●支店会議・工場別会議…各支店・事業所や工場において開催する会議で、参加者は企業により異なる

【目的別、グループ会合の場】

●プロジェクト会議…特定のプロジェクトの参加者による会合
●安全衛生委員会…各部署の安全委員や衛生管理者等による会合
●5S委員会…各部署の5S委員による会合
●朝礼・夕礼…当日の目標や業務の確認、或いは実績等の報告の場

このほか目的によって多くの会合が設定されています。

【個人を対象とする場】

●上司との面談…目的により様々な面談が定期的に行われ、意思疎通の場となっている。・目標設定面談・実績検討面談・人事評価面談など

●メンタルヘルス面談…心身の健康保持について必要な時に持たれるもの

●コーチング…支援者がいろんな質問を行うことにより、従業員が自らの思いや行動を振り返り、これからのあり方や進むべき方向を自分自身で見つけていってもらうための面談

このほか採用時の面談を始めとして目的により、多くの個別面談の機会が生じています。

さて、こうした場は取り上げればきりがないくらいあるわけですが、問題なのはこうした場をどう意識し、活用しているかということです。会議や面談は多くやればいいというものではありません。先ずはその目的を明確にし、これに見合った成果を生み出すことと、その場において参加者の持てる力が十分に発揮されることが肝要です。単なる上意下達の場であったり、名目的なセレモニーに終わることは避けなくてはなりません。

会議はそのやり方次第で参加者に与える影響は大きく違ってきます。ここではまず会議のあり方をチェックし、これに問題がある場合は是正することから始める必要がありそうです。

・会議の目的を明確にしておく。
・必要な資料作成など会議の事前準備をすることで会議を効率的に進める。
・会議参加者からの活発な意見を歓迎し、創意・工夫を引き出す。
・想定している路線からはずれることを恐れ、出された意見をむやみに否定しない。少なくとも前向きで、建設的な意見は尊重する。
・会議を行ったら必ず成果を得るようにする。

最近では参加者の幅広い意見の表明と、全体としての意見の集約を行うため、いろんな会議・会合のやり方が工夫されています。そういったものも調査を行い、進んで活用してみることには大きな意味があります。

一つの事例として「ワールド・カフェ」というやり方を紹介しましょう。

【ワールド・カフェとは】

●メンバーの組み合わせを変えながら、4~5人単位の小グループで話し合いを続けることにより、あたかも参加者全員が話し合っているような効果が得られる会話の手法。
●様々な分野の人々が集まり、立場や主張に捉われず自由に意見を述べ合い、新しいアイデアを生み出していくための場を提供する。
●ワールド・カフェの中で行われる会話はダイアログ、すなわち「こころを一つにして行動できるようにするための会話」である。

●決まるべくして決まるプロセスであり、知恵や価値を共創し、将来ビジョンを構築するための起点となる話し合いの手法

【会話ホストの７つの原理】

①　コンテキストを設定する…目的、参加者、時間や予算、開催場所などを十分検討する。

②　もてなしの空間を創造する…個人的な快適さとお互いを尊重する気持ちを育むことができるもてなしの環境と心理的な安心感を確保する。

③　大切な問いを探求する…共働を引き出すような強い力を持つ問いに対して、集合的な関心を高める。

④　全員の貢献を促す…参画と相互支援を促すことによって「個」と「全体」の関係を活性化する。

⑤　多様な視点をつなげる…中核的な問いに対して共通の関心を高めつつ、異なる視点のつながりが持つ多様性と密度を意図的に強めることにより、創発が現れる生命のダイナミズム

⑥　洞察に耳を澄ます…パターンと洞察、より深い質問にともに耳を傾ける、個々人の

貢献を損なわずに思考の結果を育むことができるように、共通の関心事に焦点を当てる。

⑦　集合的意見を収穫し共有…集合的知識洞察を可視化することによって、行動に移せるようにする。

ワールド・カフェ方式の会議に筆者も参加の機会があり、この方式を初めて経験しました。多様な意見の表明と、それが集約されて参加者に等しく共有されるということが見事に両立することを実感できました。このような新しい会議方式を試みることも、総意の集約とマンネリ打破の観点から大変有効だと考えられます。

【図表５－２】　ワールド・カフェの標準プロセス

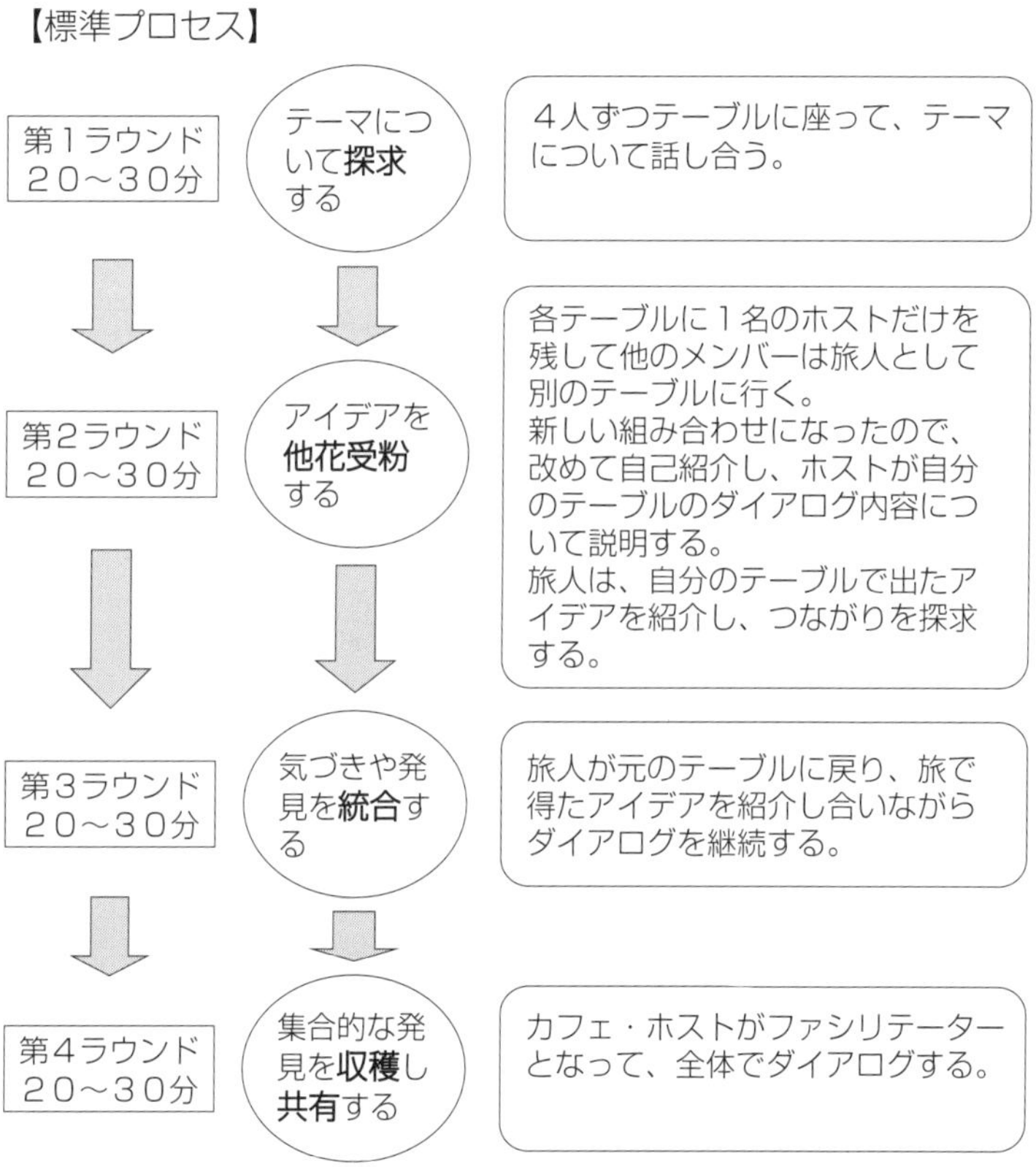

資料出所：「ワールド・カフェをやろう！」大川恒・香取一昭（2009）
日本経済新聞社　59頁

六　創意を活かし、徹底した業務の効率化を！

まず、人件費効率化の観点から検討すべき課題として、業務と勤務のミスマッチの問題があります。業務というのはいつも均一ではありません。業種や業態の違いによって業務の繁閑というのは異なっていますが、これに適合した勤務体制がとられているかどうかが問題です。

一つの事例ですが、コンビニは曜日や時間帯の違いによって業務量が相当違ってきます。ところがパート従業員との契約だからということで、暇なときには1人でまかなえるところを3人配置しているといったことがあります。このようなことはコンビニに限らずあらゆる業種の業務について発生しているものと思われます。この点に着目してきめの細かい勤務体制の管理を行うことによって労働時間と人件費の削減が可能となります。これは本書のテーマである人手不足解消の一端ともなります。

次にはこれからの国の政策を視野に入れることも大事です。いま国が進めています働き方改革の問題ですが、これは「同一労働、同一賃金」をベースにいわゆる正規・非正規社員の区分をなくしてしまおうというのが狙いの一つといわれています。そうなりますと考えられますのは多様な正社員制度の創出です。

これまではいろんな会社の個別の設定は別として、正社員、嘱託社員、契約社員、派遣社員、臨時社員、パート社員、アルバイトといった区分が一般的でした。それがこれからは職務限定、地域限定、時間限定を軸とした勤務の多様化が進むものと思われます。総合職正社員、専門職正社員、地域限定正社員、短時間正社員などがこれにあたり、人の活用もパートタイマーから短時間正社員へ、更に能力と勤務の可能性によって通常勤務の正社員へといった昇格のルートも一般的になることが予想されます。

このような多様な勤務形態を活用するとともに、これからの労働力人口の掘り起こしといわれます障がい者・高年齢者・子育て世代の人達の活用が望まれています。その場合には働く意思を持った人達のニーズに対応した勤務形態の設定が必要となります。高年齢者についても仕事をしたいといった潜在ニーズが予想以上に高く、勤務時間等が希望に合えば多くの方が応募してくれるといった事例は既に述べた通りです。ですから多くの会社で固定観念になっています８時間シフトは考え直さなくてはいけません。またフレックスタイムや在宅勤務といった個々人の都合に合わせた働き方もこれまで以上に活用されることとなるでしょう。これらを総合的に捉え、知恵と工夫で人の活用と人件費の効率化に取り組んでいただきたいものです。

さて、どのような業態や企業においても避けて通れないのが業務のマンネリ化という曲者です。業務に追われるなか、日常の業務のあり方、時間の使い方など、振り返って見直すということはなかなかできないものです。高度成長の時代には少々のムダがあってもそれは成長のなかで表面化しないわけですが、現在のような厳しい環境にあっては少しのムダでもこれは徹底して排除しなくてはなりません。

そこで望まれますのは「ムダを見つける目」の醸成です。対応策としては随分前から行われています5S活動でしょう。この活動は業務活動において付加価値を生まないものは何かを見つけるセンスが身につきます。5Sに取り組まれている企業にあっても時の経過とともにマンネリ化による形骸化が進んでいます。これは今一度初心に返り改めてキック・オフされることを薦めます。

次にはこれも当然のことではありますがコストの削減です。時代の進展とともに各面での効率化をはかる設備や器具が開発されていることにも目を向け、自社の業務に関連する情報を収集することが必要です。先の事例に取り上げました明屋（はるや）書店では、全店舗の照明をＬＥＤに変えることで年間6、400万円もの電気代を削減し、レンタル代3、000万円を差し引き純利益3、400万円増を実現したといわれます。

一方、これからの大きな課題は業務自体の改革です。今やっている業務のあり方はこれで良いのかを見つめ、ムダな業務をなくすことです。特に計画や実績にまつわるデータについてこれを二重に作成していたといった事例は多くあります。これをなくすためにもいまＩＴ企業で各面の業務のシステム化が行われ、提案がなされていますし、企業の個別ニーズへの対応も盛んに行われています。これに関連する情報の収集と活用も積極的に考えるべきです。中小企業の場合、投資といえば大半が機械設備や車両などを想定していますが、システム構築も重要な投資対象と考え、省人化を果たし、スリムで強い体質を目指していただきたいと思います。

今の時代、ＡＩ（Artificial Intelligence）、ＩＯＴ（Internet of things）という言葉に象徴される情報活用の進展には目を見張るものがあります。これにより、これからは営業などの対人折衝を除くほとんどの仕事が情報機器や携帯端末でこなせるようになると思われます。定型的な業務は外部へ委託すると言ったことも検討に値します。人が人としての価値を存分に発揮できる環境づくりが望まれますし、そのことが企業・組織の競争力を左右することとなるでしょう。

七　どこまでも、強い熱意と情熱を持って挑戦しよう！

成功していると目される企業や社会福祉法人の経営者というのは最初から成功への道を歩んできたのかというと決してそうではありません。数々の事例を通じてみなさんもすでにお分かりのように、その成功への道程には多くの苦難が待ち受けていました。多くの経営者がいろんな障害を克服できないままつぶれていくなかで一部の経営者はその苦難の過程で大切な気づきを得ることで自己を成長させ、確固たる信念を確立し、成功を勝ち得ているということです。

では成功した方々はどこが違っていたというのでしょうか。これは私なりの見方ですが、成功される方というのはある意味とても楽観的だということです。つまりいろんな障害や困難な課題が生じた場合にも、「何とか解決できる」という姿勢で余計なことを考えるのではなく、もっぱら解決への方策に没頭し、これをクリアしています。そして重要なことは将来へ向けて夢を実現することに対して情熱的に取組まれていることです。これから創っていく姿の実現への並々ならぬ願望が、積極的な行動を促すこととなっているのです。

本書では少なからぬ経営の事例を取り上げましたが、その狙いは経営者の皆さんにこれらの事例を通じ、自身の確固たる理念と取組み姿勢を確立していただくところにあります。このことはこれまでややもすれば捉われていた損得勘定から完全に脱却し「**従業員と共に成長し、幸せになろう。関係するすべての方々の幸せづくりに貢献しよう**」というものに変わっていくことを意味します。これは大いなる変貌を目指すものとなります。

人間として、また経営者として本来あるべき姿とはどんなものかを探求し、その姿の実現を目指すことは、一見遠回りのように見えます。しかし実はこれが一番の近道であると成功した経営者は言っています。なぜなら確たる方向性を持たない経営は、いたるところでムダをつくり、問題の解決にも苦労し、場合によっては不祥事にもつながる事態を招きます。最善の道を追求し、確たる理念と方針を持つことは「**究極の効率化**」ともいわれています。

自身の確立の次に考えるべきは理想とする職場の姿です。経営者もしくは経営の中枢を担っておられるあなたはあるべき職場の姿についてどのような理想をお持ちでしょうか。

これまで述べてきました事柄を集約して筆者が思うところでは、職場の理想的な姿は次のようになります。

「**みなが自分の仕事にやりがいを持って活き活きと活動している。会社の理念に共感し、自分の役割を認識し、目標を達成することで自分の成長を実感し、更なる次の段階を目指して挑戦している。チームの仲間に対してできることは進んで協力し、お互いの成長を喜び合う組織風土づくりに一役買っている。**」

皆さんはいかがでしょうか。それぞれに理想とする姿は異なって当然と思いますが、それは少なくとも現状をよりよいものに変革するものであってほしいと思います。この変革を果たすにはどんな組織においても共通して実現しなくてはならないことがあります。それらをこれまで述べてきたわけですが、その内容をまとめてみました。これはできれば皆さんのサイドで納得のいくように再編して頂くことも大きな意義があるものと考えています。

●「人」を活かす経営への変革内容

・会社・組織が何のためにあるのか、その存在価値を明確にする。また将来に亘って実現していく姿を明らかにするとともに、この理念を組織の全構成員が共有し、業務活動に反映する。…「企業理念（基本理念）」の設定と組織末端までの浸透

・企業理念につづき、人に対する「人事理念」を設定し、会社が必要とする人材像や育成方針を明確にする。

・経営者は、「従業員は企業理念を実現していくためにともに挑戦していくパートナーであり、かけがえのない存在である。」との意識のもと、従業員の幸せと成長をはかっていくことが最も重要な仕事であるとの認識にたって経営する。…人生観の見直し、自己変革、意識の転換

・企業理念とともにこれを実現していくための「行動指針」を持ち、日々の業務に反映していく。…理念の浸透・実践

・経営者は理念とともに会社の将来ビジョンを示し、中期及び当年度の事業計画に基づく

目標と実現への戦略を全員に説明し、共有してもらう。またこれに対する各自の役割を明確にする。…経営のリーダーシップ

・「人」は自分が大切にされていると感じていることが仕事に取り組む動機づけの根底にある。大切にするということは本人の仕事ぶりを公正に評価し、報酬と育成に反映させることである。…人事評価制度の構築

・人事評価に対応し、やったらやっただけ報われる実力主義の賃金制度を設定する。…時代に対応する適切で納得性の高い賃金制度の構築

・従業員の各ポジションにおける仕事の役割・目標を明確にしてその達成に挑戦する。また時期をみて挑戦の過程を通じて成長を図るために「目標管理制度」の活用を行う。…目標管理制度の導入

・人材育成のスピードアップ、的確な成長目標達成のため、「人材育成計画」をつくり、その実施を強力に進める。…キャリアパスの設定、交換ノートの活用など

・従業員の持つ多様性を活かし、それぞれの創意・工夫を引き出すための参画の仕組みを考える。…5S活動、提案制度、アンケート・気づきメモの活用、職場づくりへの参画、表彰制度など

●逆転の発想で臨む

時代の進展とともに環境は大きく変わっていきます。本書のテーマである人手不足の問題も、少子高齢化がいわれる前の時代、また人が余っているような不況の時代にはそんなに大きな問題ではありませんでした。ところがいまの時代は人手不足のみならず労働環境の問題や人件費の増大などいろんな課題が生じており、こうした環境の変化が経営者の肩に重くのしかかっているというのが大方の見方です。

しかし、このような困難な環境をむしろ歓迎している経営者もいます。筆者が皆さんに望むのは、そうした会社や組織になってもらうことです。企業の存在価値を示す企業理念が設定されており、これに付随する人事理念が明確であり、中期的な人事戦略が立てられ実行されている、つまりしっかりした基盤が形成され、活き活きとした目標の実現に向かって活動している会社は、環境の変化に対しても非常に強いということが明らかです。

そうなりますと黙っていても同業他社に対して競争優位に立つこととなります。基盤の脆弱な企業は、環境が悪化すればするほどそれに伴って業績が落ち込んでいきます。このことは強い会社にとっては環境の厳しさはむしろ競争力の増大を意味するわけです。環境の変化をものともしない強い会社や組織は、環境の悪化を嘆き、当面の課題にあくせくしている状況の会社の対極にある理想の存在です。したがって、いかなる環境の変化にも対応力のある強い姿をつくっておくことが強く望まれるわけです。

おわりに～新たな戦略の確立へ～

本書を読まれてお分かりになったと思われますが、人材不足の解消というテーマは、そのことのみならず「経営とはどうあるべきか」という経営の根幹を問う課題そのものです。それを踏まえたうえで皆さんにお願いしたいのは、これから実現して行きたい夢のある経営の姿をぜひ胸のうちに描いてみていただきたいということです。

そのためにはまず経営とは何かという命題について皆さん自身が明確な答えを持つことが欠かせないでしょう。本書の事例に出てくる経営者は、みなそのことに悩みながらも結果として借り物ではない自分の思いを固め、あとはその実現に夢を持って挑戦しています。その姿勢はあくまでも前向きなのです。積極的なのです。そして対象としている課題は目の前の人手の確保といったことではないことがお分かりでしょう。

そうです。人が辞めずに活き活きと働ける会社、魅力があり、人が集まってくる会社そのものを作ろうということです。そのことに全力で立ち向かっていき、夢を実現しようとしているのです。またそれがある程度実現しても決して手を緩めることなく、さらにより良い姿にするべく努力を積み上げているのです。

【図表】戦略目標の設定

	人がやめない魅力ある会社づくり		
	夢づくり	人づくり	場づくり
目的	・こうありたいと心から願い実現したい会社の姿を示す ・社会における存在価値を明らかにする ・皆で共有できる夢のある将来像を描く ・成長発展できる戦略を打ち立てる	・一人ひとりの個性を尊重し、成長を図る ・各々の役割の明確化 ・各々が目標にチャレンジすることで生きがいを持つ ・チームの一員として貢献できる ・自分のキャリアを積む	・一人ひとりが持つ個性の発揮の場づくり ・創意・工夫を発表し、活用できる場づくり ・成果を皆で共有し、活用する体制づくり ・お互いが協力することの価値を共有できる風土
具体策	●企業理念の設定 ●行動指針の設定 ●将来ビジョンの呈示 ●中期事業計画の策定 ●当期の事業目標・計画 ●スローガンの設定 ●社長方針の明示	●人事理念の設定 ●個人別実行計画作成 ●評価基準の明確化 ●評価リンク賃金制度 ●人事方針・戦略の策定 ●人材育成計画の作成 ●目標管理制度導入 ●教育訓練の実施	●提案制度・表彰制度 ●小集団活動(5Sなど) ●改善事例発表会 ●リーダー会議等開催 ●アンケートの検討共有 ●理念適合行動探求 ●気づきメモの提出共有
運用留意点	・理念が末端まで等しく浸透しているか ・日常の業務行動が理念に沿ったものであるか ・より幸せで豊かな未来を実現するという前向きな思いが共有されているか	・組織として求めるべき人材像は明確か ・管理者は部下の指導・育成・支援を自分の役割として取り組んでいるか ・一人ひとりの役割、目標は明確になっているか	・トップ層が物心両面で関与しているか ・押し付けではなく、自主的に運用されているか ・皆が参加しているか ・前向きで楽しい雰囲気が醸成されているか
	基本理念…経営とは人を幸せにすることだ		

前ページに示しました図表は、これまで述べてきましたものを「夢づくり」「人づくり」「場づくり」の戦略的な観点からまとめたものです。こうした戦略目標を計画化し、これからの実行に繋いでいただきたいという願いからです。

経営活動の着実な推進に求められるのは、基本理念↓経営方針↓経営重点戦略↓事業計画策定のプロセスに従い、活動を進めることです。そして大事なことは事業計画における実行の確保です。事業計画の策定によって実行の内容が決まりますので、計画策定が大変重要な意味を持つことがおわかりでしょう。

人手不足解消課題についても、その考え方と具体策を、事業計画に盛り込む必要があります。先に示しました手順から、この事業計画の前提となる経営重点戦略の設定が計画策定にとって重要であり、欠かせないこととなります。

この重点戦略こそが本書の表題である「人手不足解消戦略」ですが、これは包括的な表現であり、必要となるのはその内容です。これを具体化し、実行するためには、その内容を明確にするために戦略目標を掲げ、その目標達成のための戦略と実行計画を立て、これを全社の事業計画に盛り込む作業が必要となります。

【戦略目標】

(一) 夢づくり…理念の確立により、心から実現を目指したい夢と目標をつくる。

㈡　人づくり…人の成長に必要な人事評価制度、賃金制度、人材育成制度を構築する。
㈢　場づくり…一人ひとりが、創意・工夫を発揮し、互いに共有できる場をつくる。

このような戦略目標は、これを総括して「**組織活性化戦略**」としてまとめることが可能です。加えて、新たな人材確保が重点戦略である場合には、「**人材確保・育成戦略**」としてまとめることができます。これらの戦略を実行計画として具体化します。

なお、事業計画は、目標とする期間を通じて実現を図ることとなりますが、こうした課題については「**中期事業計画**」として策定するのが適切です。事業計画には誰が、何を、何時までにといった実行への要件設定が必要です。実行段階では、**マネジメントサイクル**（Plan計画→Do実施→Check評価→Action改善活動）を愚直に繰り返し実行し、改善を積み上げながら成果を挙げていくことが望まれます。

また、この実行には重要なことがあります。それはこの実行が一部門、一担当者の手に委ねられるのではなく、経営者自らが先頭に立って取組むということです。経営者の改革意識や取組みといったものが、組織の末端まで浸透し、実行されるといった組織風土の確立には、経営者のリーダーシップこそが欠かせないからです。

ところで、努力するという表現はなにか辛いことをこなしていくといった感じがありますね。しかし事例に取り上げた経営者の一部の方ではありますが、実際に会ってお話しを聞きますと、それはもう仕事が楽しくて仕方がないといった姿で活動されています。夢の実現に取り組むというのは楽しいことなのです。ですから皆さんにも是非あなた自身の夢を掲げて前進していただきたいと思います。

いま社会から望まれているのは、真に社会に貢献できる企業であり組織です。その観点からも自他共に「価値ある企業」「価値ある社会福祉法人」となることを目指し、夢を掲げて突き進んでいただきたいというのが筆者の夢です。本書がそのことにいささかでもお役に立つことができれば幸せに思います。皆さんのご健闘を祈ります。

なお本書の事例取材にあたり、筆者の訪問を快く受け入れていただき、数々の素晴らしい情報の提供をいただいた企業の経営者、管理者の皆様にはお礼と感謝の意を表したいと存じます。

おわりに、本書の刊行にあたり懇切な助言や出版各面のご支援をいただいた株式会社税務経理協会の峯村英治様、および有限会社インプルーブ小山睦男様には心より感謝を申し上げます。

また、本書の内容等に関して貴重なアドバイスをいただいた一般社団法人九州地域中小企業等支援専門家連絡協議会（通称九州志士の会）会員の三山直之氏（弁護士）、摩嶋隆視氏（中小企業診断士）、鎌田千穂氏（産業カウンセラー）、および一般社団法人福岡県中小企業診断士協会会員の田辺晃氏（中小企業診断士）、石川重夫氏（中小企業診断士）をはじめとしていろんな面で協力をいただいた方々に感謝申し上げます。

平成二十九年九月一日

大和　一雄

〔参考文献（書籍・資料・WEBサイト）〕

▼書　籍

三浦功・溝呂木健一・甲斐貫四郎・青島弘幸『日本の心がマーケティングを超える』税務経理協会　二〇一二年

堀下和紀・穴井隆二・渡邊直貴・兵頭尚『労務管理は負け裁判に学べ！』労働新聞社　二〇一四年

香取一昭・大川恒『ワールド・カフェをやろう！』日本経済新聞出版社　二〇〇九年

大和信春『企業理念』博進堂　一九九二年

真下俊明・武井俊幸・近藤京子『人事を変えれば社員は育つ』アチーブメント出版　二〇〇九年

▼資　料

CD　Big interviews　No 083　ビジョネット　アヴァンティ（株）二〇一一年

CD　〃　No 132　〃　二〇一六年

CD　〃　No 143　〃　二〇一六年

CD　〃　No 145　〃　二〇一七年

CD　〃　No 146　〃　二〇一七年

「判決文」
・東京地方裁判所平成11年10月15日判決（平成11年（ヨ）第21055号セガ・エンタープライゼス解雇事件）
・福岡高等裁判所平成18年11月9日判決（平成18年（行コ）第16号町立中学校教諭懲戒免職事件）
「講演会資料」
・「福岡県70歳現役社会推進シンポジウム」平成29年2月20日　福岡県70歳現役応援センター主催　於福岡市ソラリア西鉄ホテル
・「部品・素材・加工メーカーのブランド戦略」平成29年6月8日　NPO法人北九州テクノサポート主催　於北九州テクノセンター
「行動指針資料」
・㈱フジッコ　二〇一五年　同社より提供を受けた企業理念〜行動指針体系資料
▼WEBサイト
・ホームページ　中央タクシー㈱　長野市　http://www.haruya.co.jp/company/ideology
・　〃　日本理化学工業㈱　東京都大田区　http://www.rikagaku.co.jp/company/
・　〃　㈱ヒューマン&アソシエイツ　福岡市　http://www.hoken-human.jp/
・　〃　㈱日本レーザー　東京都新宿区　http://www.japanlaser.co.jp/
・　〃　㈱ねぎしフードサービス　東京都新宿区

http://www.negishi.co.jp/company/profile.html

・ホームページ　(株)ワン・ダイニング　http://www.1dining.co.jp/company/

・退職理由の本音ランキング　リクナビNEXT
https://next.rikunabi.com/tenshokuknowhow/archives/4982/

・転職理由ランキング　DODA
https://doda.jp/guide/reason/?cid=001004020060002&utm_id=001004020060002&dclid=CL7Xg_6CsNUCFdWCvQodfJ0IvQ&trflg=1

著者紹介

大和　一雄（やまと　かずお）

有限会社 ヤマトサポート 代表取締役（中小企業診断士）

大学で経営学履修後，福岡県の産業包装資材メーカーへ就職。資材購買，生産管理，資金財務，人事総務，開発など広範な業務を経験し，平成５年に取締役事業部長，ついで監査役を歴任。その過程で会社は福岡証券取引所へ株式上場，企業の成長過程をつぶさに経験した。昭和57年に中小企業診断士の資格を取得，平成10年の退職を契機に独立開業し，平成17年，(有)ヤマトサポートとして法人化，現在に至る。在職中に人事・賃金制度の改革並びに工場の生産体制の改革に成果を挙げる。現在は「理念なくして経営なし」を標榜，人の成長と組織の活性化を中心に多くの企業の支援に当たっている。

(一社)福岡県中小企業診断士協会会員，(一社)九州地域中小企業等支援専門家連絡協議会会員，NPO法人北九州テクノサポート会員，賃金システム総合研究所　九州本部エリア代表。

(公財)北九州産業学術推進機構 協力コンサルタント，北九州商工会議所登録専門相談員

著書に「小さな会社の経営を楽にする三法則」カナリア書房（2015）がある。

有限会社　ヤマトサポート

〒807－0853　福岡県北九州市八幡西区鷹見台１－７－20

TEL　093－693－4961　　FAX　093－693－4962

E-Mail　yamato@happytown.ocn.ne.jp

URL　http://www.yamato-support.com/

著者との契約により検印省略

平成29年11月15日　初版第1刷発行

経営者のための
人手不足解消戦略

著　者　大　和　一　雄
発行者　大　坪　克　行
印刷所　税経印刷株式会社
製本所　株式会社　三森製本所

発行所　〒161-0033 東京都新宿区
下落合2丁目5番13号
株式会社　税務経理協会

振　替　00190-2-187408
ＦＡＸ　(03)3565-3391
電話　(03)3953-3301（編集部）
(03)3953-3325（営業部）
URL　http://www.zeikei.co.jp/
乱丁・落丁の場合は，お取替えいたします。

ISBN978-4-419-06488-4 C3034